वक़्त की आवाज़ 3

नागरिकता का काग़ज़ी खेल

संपादक
प्रांजल
संजीव कुमार
शिप्रा किरण

वाम

ऑफसेट का पहला संस्करण, दिसंबर 2019
डिजिटल प्रिंट संस्करण, दिसंबर 2021

लेफ़्टवर्ड बुक्स
2254/2 ए, शादी खामपुर
न्यू रंजीत नगर
नई दिल्ली – 110008

वाम प्रकाशन और लेफ़्टवर्ड बुक्स नया रास्ता पब्लिशर्स प्रा. लि. की प्रकाशन शाखाएं हैं।

leftword.com

ISBN 978-81-943579-2-6

प्रकाशित लेखों और चर्चाओं के प्रकाशन ब्यौरे उनके अंत में दिए गए हैं।

किताब में इस्तेमाल किए गए लेखों के प्रकाशन के लिए सभी उपयुक्त स्रोतों से अनुमति ले ली गई है। अगर कोई कमी रह जाती है तो प्रकाशक की तरफ़ से इसमें सुधार किया जाएगा।

Series: Waqt ki Awaz 3
Nagarikta ka kaghazi khel
Edited by Pranjal, Sanjeev Kumar, Shipra Kiran

वक़्त की आवाज़

जब तक आवाज़ बची है, तब तक उम्मीद भी बची है।
इस शृंखला की कड़ियों में आप अपने समय के ज्वलंत प्रश्नों पर
लेखकों-कलाकारों-कार्यकर्ताओं की बेबाक टिप्पणियाँ पढ़ेंगे।
ये टिप्पणियाँ जितना हमारे समय के गतिशास्त्र को समझने में हमारी मदद
करती हैं, उतना ही इस बात के लिए आश्वस्त भी करती हैं कि
ताक़त के समीकरण समाज, राजनीति और अर्थतंत्र को जो शक्ल दे रहे हैं,
उसे नियति मानकर स्वीकार नहीं किया जा रहा।
ये इनकार की आवाज़ें हैं और इनकार का आधार तर्क-विवेक-युक्त विश्लेषण है।
वह जाति का प्रश्न हो या सांप्रदायिकता का, कश्मीर का प्रश्न हो
या राष्ट्रीय नागरिकता खाते का, विविधता और बहुलता पर हमले का सवाल हो
या विज्ञान और विवेक के ख़िलाफ़ अंधश्रद्धा के प्रोत्साहन का –
इस शृंखला की कड़ियाँ हर मुद्दे की बारीकियों और जटिलताओं
को आपके सामने लाने का एक विनम्र प्रयास हैं।

नागरिकता का काग़ज़ी खेल

विषय सूची

भूमिका

अधिकार होने के अधिकार की अस्वीकार्यता

वह 2006 का साल था। पश्चिमी असम के बोंगईगाँव जिले में स्थित खेलुआपारा गाँव के एक छोटे किसान, अजबहर अली को पुलिस सीमा संगठन द्वारा 'विदेशी नागरिक अधिकरण' को सुपुर्द कर दिया गया। अजबहर अली ने काफ़ी घबराते हुए अधिकरण के बुलावे का जवाब दिया। उसे पता चला कि अधिकरण ने एक पक्षीय निर्णय में पहले ही उसे विदेशी घोषित कर दिया है। बिना किसी अग्रिम चेतावनी के, उसे न्यायाधिकरण से सीधा जेल के भीतर स्थित डिटेंशन कैंप में डाल दिया गया।

हताशा में उसकी पत्नी बलिजान बीबी ने न्यायाधिकरण के निर्णय को चुनौती देने व अपने पति को डिटेंशन कैंप से मुक्त कराने के लिए, वकील के शुल्क का भुगतान करने के लिए अपनी ज़मीन, मवेशी व मोबाइल सब बेच दिए। उनका बड़ा बेटा मोइनुल हक़, फैसला सुनने गुवाहाटी उच्च न्यायालय गया और माँ घर पर बेचैनी से फ़ैसले की राह देख रही थी। अगली सुबह वह केवल ये सूचित करने के लिए लौटा कि न्यायालय द्वारा उनकी अर्जी खारिज कर दी गई है और उसने अपनी माँ को समझाया कि सर्वोच्च न्यायालय उनकी पहुँच से बाहर है।

बलिजान बीबी ने अपने बेटे से आराम करने के अलावा और कुछ नहीं कहा। थोड़ी देर बाद मोइनुल ने अपनी माँ को छत से लटका पाया।

महीनों बाद कारवां-ए-मोहब्बत की हमारी टीम उनके परिवार से मिलने गई। बच्चे घोर निराशा में थे क्योंकि उनके पिता कैद में थे और उनकी रिहाई

की कोई उम्मीद भी नहीं थी। माँ मर चुकी थी और उनकी सारी संपत्ति बिक चुकी थी।

आत्महत्या के लगभग 28 ऐसे मामले हैं जिसमें आत्महत्या करने वाले ये साबित नहीं कर पाए थे कि वह इसी देश के नागरिक हैं। और अब उनके पास जीने का कोई कारण नहीं बचा था।

यह ऐसे समय में लिखी गई किताब है, जब असम के 19 लाख निवासी व उनके परिवारजनों को भय व बेचैनी ने अपनी चपेट में ले रखा है। ये भय और बेचैनी तब से है, जब से उन्हें पता चला है कि 31 अगस्त 2019 को प्रकाशित होने वाली राष्ट्रीय नागरिक रजिस्टर की अंतिम सूची में उनका नाम नहीं आया। किंतु राज्य के बंगाली मूल के लोगों के लिए यह एक निरंतर चलने वाली त्रासदी बन गई है कि जिन लोगों के नाम सूची में हैं, उन्हें भी इस बात का आश्वासन नहीं है कि भविष्य में वे अवैध प्रवासी नहीं घोषित किए जाएँगे। ये वह लोग हैं जिनके लिए अभी भी समस्या का कोई अंत नहीं हुआ है व नागरिकता की स्थायी सुरक्षा की कोई संभावना नहीं है।

असम में नागरिकता से संबंधित विवाद राष्ट्रीय नागरिक रजिस्टर से प्रारंभ नहीं हुए। इसके कहीं कोई संकेत नहीं हैं कि राष्ट्रीय नागरिक रजिस्टर के अंतिम प्रकाशन से राष्ट्रीय नागरिकता संबंधित विवाद समाप्त हो जाएँगे और ये दुखद है। सामान्यतः यह याद नहीं रखा जाता कि केवल पंजाब व बंगाल ही नहीं अपितु असम का भी 1947 में विभाजन हुआ था, जब एक जनमत संग्रह के माध्यम से सिलहट ज़िले को पाकिस्तान को स्थानांतरित कर दिया गया। सिलहट व बंगाल के अन्य भागों से असम की ओर प्रवास दो शताब्दियों तक जारी रहा, जिसे वृहद नवीन वनीय क्षेत्र एवं नदीय भू प्रभाग की लोलुपता तथा कृषि भूमि निर्मित करने के आकर्षण ने ईंधन मुहैया कराया और औपनिवेशिक राज्य द्वारा इसे प्रोत्साहित किया गया। इनमें से कोई भी अवैध नहीं था चूँकि यह एक देश था। 1947 में विभाजन की भयावहता और 1971 के बांग्लादेश मुक्ति संग्राम ने असम में नए प्रवास को प्रेरित किया।

1970 के दशक से तथाकथित स्थानीय लोगों द्वारा बाहरी लोगों के विरुद्ध किए गए विशाल व अनियमित हिंसक आंदोलनों ने राज्य की जड़ें हिला दीं। राष्ट्रीय नागरिकता रजिस्टर का वर्तमान अद्यतन संघ सरकार के साथ असम आंदोलनकारियों द्वारा किए गए समझौते की प्रतिपूर्ति में किया जा रहा है। यह समझौता राजीव गांधी सरकार द्वारा किया गया था एवं इसके तहत 1971 के उपरांत पलायन करने वाले व्यक्तियों की पहचान व उन्हें निर्वासित करने का प्रावधान किया गया था।

दशकों से भूमि, संस्कृति व प्रवास से संबंधित चिंताओं ने असम के सामाजिक व राजनीतिक जीवन में भयंकर संकट पैदा कर दिए हैं। रक्तपात हुआ व कई जीवन भी नष्ट हुए। असम के इतिहास में इस अशांत चरण का चरमकाल तब था, जब 1983 में नेल्ली में लगभग 3,000 बंगाली मूल के असमिया मुस्लिमों को – जिनमें से अधिकांश बच्चे व महिलाएँ थीं – कुछ ही घंटों में मार दिया गया। यह स्वतंत्र भारत का भूला हुआ नरसंहार है जिसके लिए एक भी व्यक्ति को मुकदमे का सामना नहीं करना पड़ा फिर दंड तो दूर की बात है।

इन कड़वे विभाजनों के सभी पक्षों को उम्मीद थी कि 1951 के राष्ट्रीय नागरिकता रजिस्टर को अद्यतन करने की 6 वर्षों की लंबी प्रक्रिया का निष्कर्ष लंबे समय से चल रहे विवाद को हल करने के रूप में होगा। किंतु इस प्रक्रिया में लाखों निर्धन लोगों को मिली यातनाओं के बावजूद यह सिद्ध होता है कि इसमें किसी प्रकार का समाधान प्रदान नहीं किया गया है। किसी भी पक्ष के लिए इस जटिल विवाद से कोई नहीं है।

असम आंदोलन के समर्थकों के लिए यह विश्वास का विषय है कि बांग्लादेश के लाखों प्रवासियों ने अवैध रूप से उन सीमाओं से घुसना जारी रखा है, जो असम बांग्लादेश के साथ साझा करता है और यह प्रवासी अपनी संस्कृति व भाषा को स्थानीय लोगों पर लाद देंगे एवं स्थानीय लोगों को उनकी भूमि व वनों से निष्कासित कर देंगे। जैसा कि नेताओं द्वारा दावा किया जाता रहा है कि इन अवैध प्रवासियों की संख्या 50 लाख से 2 करोड़ है। अंतिम राष्ट्रीय नागरिकता

रजिस्टर मंव 19 लाख का यह आँकड़ा इन स्थानीय नेताओं को दुखी और नाराज़ करता है।

भाजपा सरकार के लिए असम तथा राष्ट्रीय स्तर पर बांग्लादेश से आए घुसपैठियों का सफ़ाया, अनुच्छेद 370 के उच्छेदन व राममंदिर के निर्माण की भांति ही अत्यंत महत्वपूर्ण मुद्दा रहा है, परंतु भाजपा की परिभाषा के अनुसार केवल बंगाली मूल के असमिया मुस्लिम प्रवासी ही भारतीय राष्ट्र के लिए ख़तरा है। उनके अनुसार बंगाली हिंदू घुसपैठिए नहीं हैं अपितु शरणार्थी हैं जिनके लिए भारत प्राकृतिक आवास रहा है।

राष्ट्रीय नागरिकता रजिस्टर से बहिष्कृत 19 लाख लोगों का आधिकारिक विभाजन अभी तक ज्ञात नहीं है किंतु एक अनुमान के अनुसार लगभग 4 लाख लोगों द्वारा समावेशन के लिए अथवा बहिष्करण के ख़िलाफ़ अपील नहीं की गई है। इससे पता चलता है कि ये लोग भारत के अन्य राज्यों से हैं जिन पर राष्ट्रीय नागरिकता रजिस्टर से बहिष्करण का शून्य प्रभाव हुआ है। चूँकि राष्ट्रीय नागरिकता रजिस्टर असम तक सीमित है एवं मूल स्थान पर उनकी नागरिकता को कोई चुनौती नहीं दी गई है। कुल बहिष्कृत लोगों में 11 लाख से अधिक बंगाली हिंदू हैं जबकि मुसलमानों की संख्या 4 लाख ही है।

असमिया उप-राष्ट्रवाद कभी भी सांप्रदायिक नहीं था। इसके समर्थक संशयवादी हैं और बंगाली मुस्लिम व हिंदुओं के लिए समान रवैया रखते हैं। वहीं दूसरी ओर भाजपा के लिए बंगाली हिंदुओं का नागरिकता से वंचन व निष्काषण राजनीतिक आत्महत्या के समान होगा जिसमें भाजपा द्वारा उनकी प्रमुख जनसांख्यिकी का परित्याग कर दिया जाएगा। इसी कारण असम और दिल्ली का भाजपा नेतृत्व घोर निराशावादी होकर अपनी ही सरकार द्वारा निर्मित इस पक्षपातपूर्ण प्रक्रिया का विरोध कर रहा है तथा इसे अपने ख़िलाफ़ और 'पक्षपातपूर्ण' बता रहा है। अब एक ही रास्ता बचा है, भाजपा नेतृत्व के लिए यह तब मान्य हो सकती है जब नागरिकता संशोधन विधेयक पारित किया जाए

एवं उसके माध्यम से केवल अपंजीकृत हिंदुओं को नागरिकता प्रदान की जाए, मुस्लिमों को नहीं। कई नेताओं ने यह आरोप भी लगाए हैं कि अवैध बांग्लादेशी घुसपैठियों (बंगाली मुसलमानों) द्वारा एनआरसी में शामिल होने के लिए जाली दस्तावेज़ बनवा लिए गए हैं। उक्त जनसंख्या के विरुद्ध दशकों से राज्य प्रशासन की शत्रुतापूर्ण अभेद्य दीवार एवं उक्त जनसंख्या की राजनीतिक, सामाजिक एवं आर्थिक शक्तिहीनता इस आरोप को हास्यास्पद बनाती है।

वहीं दूसरी ओर बंगाली मूल के असमिया के अनुसार असम प्रवासन के आँकड़े अतिश्योक्तिपूर्ण हैं एवं असम में स्थित बंगाली मूल के अधिकांश लोग वैध रूप से प्रवासित लोगों के वंशज हैं, जब यह एक देश था और 9 मार्च 1971 के उपरांत अवैध प्रवासन सूक्ष्म स्तरीय रहा है। उनके द्वारा घोषणा की जाती रही है कि यदि अवैध प्रवासन है भी तो वह बंगाली मुस्लिमों का नहीं है परंतु कोई उन्हें सुनने को तैयार नहीं है। उच्च स्तरीय त्रुटिपूर्ण प्रक्रिया जो कि बंगाली मुस्लिमों के पूर्णतया विरुद्ध थी, के बावजूद अंतिम एनआरसी रिपोर्ट में उनकी अपेक्षाकृत निम्न संख्या उनके मत की पुष्टि करती है लेकिन यह एक मिथ्या आश्वासन मात्र है एवं किसी भी तरह इनकी सुरक्षा सुनिश्चित नहीं करता। क्योंकि समकालीन असम की प्रभावशाली राजनीतिक एवं बुद्धिजीवी व्यक्तियों की मंडली में कोई भी उच्च स्तरीय पद पर आसन्न व्यक्ति नहीं है जो सत्यनिष्ठा व नैतिक साहस से युक्त हो तथा यह स्वीकार करे कि उनके यह दावे ग़लत थे कि बड़ी संख्या में अवैध प्रवास दशकों से हो रहे हैं तथा उससे असम की संस्कृति व अखंडता संकट में पड़ गई है।

एनआरसी एवं इसके क्रियान्वयन की सकारात्मकताओं के संबंध में किसी व्यक्ति के चाहे जो विचार हो, हमें हमेशा ध्यान रखना होगा कि इसके द्वारा वृहद व

भयावक मानवीय संकट का जन्म हुआ है तथा यह राज्य एवं सर्वोच्च न्यायालय द्वारा पैदा की गई मानवीय पीड़ा का कारण बना है। ग़ैर- बंगाली लोग जिन्हें इस बात की चिंता या भय है कि वह बंगाली मूल के लोगों की संस्कृति एवं भूमि के लालच में उलझ जाएँगे, उनकी नज़रों में भी बंगाली मूल के उन लाखों लोगों के डर, संदेह, राज्य प्रशासन के विरोध व डिटेंशन कैंप की मानवीय यातनाओं का सामना करना, नैतिक रूप से सही कैसे हो सकता है।

इस पीड़ा के समाप्त होने के अभी भी कोई संकेत नहीं हैं। असम के लाखों धार्मिक, भाषायी, नृजातीय अल्पसंख्यकों के लिए सामूहिक त्रासदी यह है कि वे नियमित रूप से ऐसे राज्य की छाया में जीवन व्यतीत कर रहे हैं जो विभिन्न, जटिल व अस्पष्ट माध्यमों से यह सत्यापित करने की चेष्टा कर रहा है कि वे राज्य से पृथक हैं। उन्हें किसी भी समय संशयपूर्ण मतदाता के रूप में चिन्हित कर मताधिकार से वंचित किया जा सकता है।

सीमा पुलिस बल का एक कॉन्स्टेबल किसी भी समय फिर से किसी व्यक्ति पर विदेशी होने का आरोप लगा कर उसे डिटेंशन कैंप के सुपुर्द कर सकता है। लोग पहले ही चयनित पुनः सत्यापन की माँग कर रहे हैं।

यह भी समझना महत्वपूर्ण है कि एनआरसी की इस त्रुटिपूर्ण प्रक्रिया को सर्वोच्च न्यायालय द्वारा संचालित एवं पर्यवेक्षित किया गया और ये इस तरह किया गया कि इसमें असम के निवासियों के संवैधानिक अधिकारों पर कोई ध्यान नहीं दिया गया। अपनी नागरिकता की पुष्टि का भार निवासियों पर डाल दिया गया। इसके लिए जन्म, विद्यालय शिक्षा, भूमि स्वामित्व आदि से जुड़े दस्तावेज़ों को आधार बनाया गया। एक निर्धन व निरक्षर ग्रामीण के लिए ये दस्तावेज़ प्राप्त करना बहुत कठिन है। यदि निवासियों द्वारा दस्तावेज़ों का प्रस्तुतीकरण कर भी दिया गया तब भी उन्हें छोटी-छोटी त्रुटियों जैसे बंगाली नामों की अंग्रेजी वर्तनी, आयु में त्रुटि आदि के कारण अमान्य कर दिया गया जबकि यह सर्वविदित है कि अधिकांश ग्रामीणों को अपने जन्म की तारीख़ भी नहीं मालूम होती। वहीं कई

व्यक्तियों के पास कानूनी भूमि रिकॉर्ड उपलब्ध नहीं है। एनआरसी की प्रक्रिया के बीच में ही देशज असमियों की एक स्वेच्छाचारी श्रेणी प्रारंभ कर दी गई, जिनके साथ आवश्यक दस्तावेज प्रस्तुत करने में असक्षम होने पर भी अधिक नरमी बरती गई।

कार्यकारिणी, न्यायपालिका, विधायिका ने ही नहीं बल्कि सिविल समाज और विपक्षी दल इत्यादि ने भी असम के बंगाली-भाषी लोगों को अंततः निराश ही किया है। जब ये त्रुटिपूर्ण प्रक्रिया सर्वोच्च न्यायालय द्वारा ही संचालित व प्रेक्षित की जा रही है तब वे न्याय के लिए भला कहाँ गुहार लगाएँ?

असम के बंगाली मूल के लोगों का भविष्य क्या होगा? जैसा कि इस लेख में बताया गया है एनआरसी से बहिष्कृत लोगों के पास विदेशी नागरिक न्यायाधिकरण में अपील करने का विकल्प उपलब्ध होगा। यह उनके लिए और भयावह है क्योंकि विदेशी नागरिक न्यायाधिकरण के कार्य करने का तरीका एनआरसी की तुलना में अधिक शत्रुतापूर्ण एवं स्वेच्छाचारी है। विदेशी नागरिक न्यायाधिकरण के पीठासीन अधिकारी अनुभवहीन होते हैं और उन्हें राज्य सरकार द्वारा कार्यकाल की सुरक्षा प्रदान नहीं की गई है। वे स्थापित प्रक्रिया का अनुपालन नहीं करते हैं और तथाकथित विदेशी लोगों की संख्या को अधिकतम करने के अनौपचारिक लक्ष्यों से संचालित होते हैं।

विदेशी न्यायाधिकरण पर अपीलों के कारण वैसे भी काम का भार बहुत है। वर्तमान में 100 विदेशी नागरिक न्यायाधिकरण हैं। मान लीजिए कि सरकार इनकी संख्या 1,000 तक बढ़ा दे तो भी यह चुनौतीपूर्ण कार्य होगा। हम देखते हैं कि सामान्यतः एक मामले को पूर्ण होने में औसतन एक वर्ष अथवा उससे अधिक का समय लगता है। यदि 1,000 विदेशी न्यायाधिकरण प्रतिदिन एक मामले का

निस्तारण करते हैं तब भी उन्हें 19 लाख मामलों का निस्तारण करने में 6 वर्ष से अधिक का समय लगेगा एवं उनकी वर्तमान गति के आधार पर यदि गणना की जाए तो यह समय लगभग 18 से 24 वर्ष के बीच होगा।

गृह मंत्री अमित शाह द्वारा अक्सर नागरिकता संशोधन अधिनियम लागू करने के अपने संकल्प की घोषणा की जाती रही है, जो कि एनआरसी से बहिष्कृत दस्तावेज़ रहित हिंदू, सिक्ख, जैन, बौद्ध तथा ईसाइयों को तो मुक्त करता है पर मुस्लिमों को नहीं।

यह केवल मुस्लिम ही हैं जिन्हें अपनी नागरिकता सिद्ध नहीं होने पर विदेशी न्यायाधिकरण के समक्ष प्रस्तुत होने के लिए मजबूर किया जाएगा।

इससे भी ज्यादा चिंताजनक यह है कि जिनके मामले विदेशी न्यायाधिकरण के पास जाएँगे, यह केवल वे लोग नहीं हैं जो एनआरसी से बाहर हैं। एनआरसी में अपवर्जित नामों की सूची में बहुत कम संख्या में बंगाली मुस्लिम होने की निराशा से राज्य सरकार ने पहले ही संकेत दिया है कि वह उन लोगों के भी सत्यापन जारी रखेगी जिनके नाम एनआरसी में हैं, मुख्यतः बांग्लादेश से जुड़े मुस्लिम बहुल ज़िलों में, और यदि यह आरोप लगाया गया कि वे विदेशी हैं तो उन्हें विदेशी न्यायाधिकरण के सुपुर्द कर दिया जाएगा चाहे उनका नाम एनआरसी की सूची में सम्मिलित ही क्यों न हो।

सबसे बड़ा प्रश्न यह है कि उन लोगों का भविष्य क्या होगा जो इस प्रक्रिया के अंत में ग़ैर-क़ानूनी प्रवासी घोषित कर दिए जाएँगे। नागरिकता अधिनियम के पारित होने के बाद वे सभी बंगाली मूल के मुस्लिम होंगे। बांग्लादेश की तरफ़ से उन्हें अपनाने का कोई सवाल नहीं उठता व भारत सरकार के द्वारा भी किसी प्रकार का समझौता नहीं किया जा रहा है। असम आंदोलन पहचान, विलोपन, निर्वाचन सूची व निर्वासन की माँगों में स्पष्ट था। गृह मंत्री अमित शाह ने सूचित किया कि वह अवैध प्रवासियों, जिन्हें वे घुसपैठियों व कीड़े-मकोड़ों के रूप देखते हैं, को भारत भूमि के हर हिस्से से निष्कासित कर देंगे। यह लक्ष्य कैसे प्राप्त किया जाएगा? क्या लाखों लोगों को बांग्लादेश भेजा जाएगा? क्या यह युद्ध की

आशंका को बढ़ाना होगा? क्या उन्हें समुद्र में फेंक दिया जाएगा अथवा क्या लाखों लोगों को बड़े पैमाने पर डिटेंशन कैंप में कैद कर दिया जाएगा व कितने समय के लिए?

वास्तविकता तो यह है कि अंततः उन्हें भारत में रहने की अनुमति प्रदान की जाएगी परंतु उन्हें सभी प्रकार के नागरिक अधिकारों जैसे मतदान, भूस्वामित्व, सामाजिक सुरक्षा से वंचित कर दिया जाएगा। यह सदैव के लिए शक्तिहीन, अधिकार विहीन, सामाजिक हिंसा और राज्य द्वारा होने वाली तामाम छानबीन के मामलों में अतिसंवेदनशील हो जाएँगे।

अब गृह मंत्री अमित शाह द्वारा एनआरसी का विस्तार पूरे भारत में करने के वायदे व माँग के बारे में सोचिए। सोचिए कि यह कार्य नागरिकता अधिनियम में संशोधन के द्वारा किया जाएगा जिसके तहत मुस्लिमों को छोड़कर सभी दस्तावेज़-रहित प्रवासियों को भारतीय के रूप में स्वीकार कर लिया जाएगा। सोचिए कि 1.8 करोड़ भारतीय मुसलमानों को एनआरसी व नागरिकता अधिनियम प्रक्रिया के कारण उत्पन्न मानवीय यातनाओं के भँवर में धकेल दिया जाएगा, ऐसी प्रक्रिया जिससे कि दशकों बाद भी असम के लाखों लोग पीड़ा से उभर नहीं पाए हैं।

बहुसंख्यक एजेंडा के अनुसरण में सरकार द्वारा उठाए गए सभी क़दमों में से यह क़दम भारत के धर्मनिरपेक्ष संविधान के लिए सर्वाधिक ख़तरनाक होगा। यह उस धर्मनिरपेक्ष भारत के अंत की शुरुआत होगी जो सभी धर्म, संप्रदायों एवं विश्वासों के लिए समान था।

वास्तविक न्याय सदैव सहानुभूति से परिपूर्ण होता है। यह सार्वजनिक करुणा है जो असम की विवादास्पद नागरिकता और इससे जुड़े असहाय लोगों के भविष्य से संबंधित कार्यकारी व न्यायिक फैसलों में उस सहानुभूति और करुणा का

अभाव है। हमें इसी सार्वजनिक करुणा व संविधान के प्रति अपनी प्रतिज्ञा के लिए लड़ना चाहिए ताकि असम की नागरिकता से संबंधित विवादास्पद जटिल मुद्दों का समाधान और इस प्रक्रिया को संपूर्ण भारत में लागू करने के निहितार्थों का ज्ञान हो सके।

अपने मूल रूप में – नागरिकता – अधिकार रखने का अधिकार है। असम के लाखों अत्यंत संवेदनशील लोग एक ऐसे देश में अपने भविष्य को लेकर भय और अनिश्चितता के साए में जी रहे हैं, जो ये दावा करता है कि वो इस देश के हैं ही नहीं। निश्चित रूप से उनका भविष्य अधर में लटका है। और दाँव पर है – भारत का धर्मनिरपेक्ष लोकतांत्रिक संविधान और न्याय, स्वतंत्रता समानता और बंधुत्व की उसकी प्रतिज्ञा।

हर्ष मंदर

1.

असम की एनआरसी प्रक्रिया का सच : हाशिए पर औरत

वर्णा बालाकृष्णन

यह कहानी एक महिला की है, जो नेशनल रजिस्टर ऑफ़ सिटीज़न्स (एनआरसी) का असल उदाहरण हैं। कहानी वर्णा बालाकृष्णन के एक अध्ययन पर आधारित है, जो उन्होंने 1 से 6 जुलाई 2019 के बीच असम के कामरूप और बरपेटा में हुए कारवां-ए-मोहब्बत में शामिल होने के दौरान किया था। जमीला बेग़म की ये दास्तान हमें उन दयनीय ज़िंदगियों के बारे में बताती है, जो एनआरसी की वजह से बद से बदतर हो गई हैं।

मैं कहानी की शुरुआत कर रही हूँ। आपका परिचय करा रही हूँ, बरपेटा, असम की 44 वर्षीय जमीला बेग़म से।

मुझे पता है कि ये मिलने का ठीक वक़्त नहीं है। मॉनसून शुरू हो चुका है, नदियां उफान पर हैं और आपके गाँव में बाढ़ आई हुई है लेकिन हमारे पास ज़्यादा वक़्त नहीं बचा है। एनआरसी की आख़िरी सूची बहुत जल्दी आने वाली है। हम आपके टिन की दीवार वाले घर में मिले थे, जिसे बाढ़ से बचाने के लिए ऐसा बनाया गया है। वहाँ आपके चार बच्चे थे – एक लड़का और तीन लड़कियां। आपकी दो बेटियों की शादी हो चुकी है, और तीसरी की सगाई हो गई

है। आपका बेटा अभी भी स्कूल में है, जो बाढ़ की वजह से बंद पड़ा है।

जिस दिन हम मिले, आपने बताया था कि जब से आपका एनआरसी की लिस्ट में नाम नहीं आया है, तब से आपको इसकी वजह का पता लगाने के लिए जगह-जगह जाना पड़ा है और इसीलिए आप अपने छोटे-से खेत में काम भी नहीं कर पा रही हैं। गौबुरा के सरपंच का कहना है कि आपका नाम लिस्ट में इसलिए नहीं था क्योंकि आपकी पंचायत के प्रमाणपत्र से ये साबित नहीं हो रहा था कि आप अपने पिताजी के बेटी हैं, कि जमीला बेग़म अब्दुल्लाह इस्लाम की बेटी हैं। अब्दुल्लाह इस्लाम, जिनका नाम 1951 की एनआरसी लिस्ट में था। नोटिस में लिखा था, 'पिता नहीं हैं, विरासत के शख़्स हैं।'

आप कभी स्कूल नहीं गई थीं, और इससे पहले कि आप वोटर आईडी या स्कूल सर्टिफ़िकेट जैसे काग़ज़ात इकट्ठा कर पातीं, जिनसे पता चलता कि आप अपने परिवार की ही हैं, आपकी शादी कर दी गई थी, ऐसे में पंचायत का प्रमाणपत्र आपके पास इकलौता ज़रिया था। नियमों के बावजूद, आपका नाम लिस्ट में नहीं आया। आपके बेटे का नाम भी लिस्ट में नहीं था। जिस अफ़सर ने आपके परिवार का शजरा बनाया, उसने लापरवाही से आपके बेटे के नाम के हिज्जे ग़लत लिख दिए। आपने मुझे बताया कि आपको ग़लती का पता ही नहीं चल पाया, क्योंकि आप या आपके परिवार में कोई भी पढ़ नहीं सकता है। अब, आपका डर ये सोच कर बढ़ गया है कि आपका नाम न होने से आपके बच्चों की नागरिकता पर भी सवाल उठ सकते हैं। मैंने आपके पति के बारे में पूछा। आपने बताया कि वो गुवाहाटी में निर्माण मज़दूर बन गए हैं, क्योंकि आपके गाँव में आय के साधन ख़त्म हो रहे हैं। पुलिस ने उन्हें और उनके अन्य बंगाली-मुसलमान प्रवासी दोस्तों को एक-दो बार 'पूछताछ' के लिए पकड़ा भी है। उनमें से एक को 'संदिग्ध वोटर' समझा गया था। गाँव में से किसी को इसका कारण नहीं पता।

आपकी दोनों शादीशुदा बेटियाँ आपको बताती हैं कि चूँकि उनकी नागरिकता शक के घेरे में है, ससुराल में उनके रिश्ते ख़राब हो रहे हैं। आपने

कितनी मुश्किल से शादी के वक़्त दहेज़ का इंतज़ाम किया था। आपकी तीसरी बेटी की सगाई टूटने की कगार पर है। वो अनपढ़ है, इसलिए उसे सामाजिक सुरक्षा के लिए शादी करनी पड़ेगी। मगर आप कहती हैं, 'एक विदेशी को अपनी बहू कौन बनाएगा?' विदेशी, जैसा कि सरकार ने इशारा कर दिया है।

गौबुरा की मदद से आपने अपना नाम हटाए जाने के विरोध में एक क्लेम फ़ॉर्म भरा। ऐसा बहुत कुछ है जो आप जानना चाहती हैं। आप कैसे यक़ीन दिलाएँगी कि आपके काग़ज़ात सही हैं? जब आप अनपढ़ हैं, तो आपको कैसे पता कि कहीं ग़लती हुई है? सारे गाँव में चर्चा हो रही है कि चूँकि आपसे सुनवाई केंद्र पर बायोमेट्रिक जमा करने को कहा गया है, मतलब आपको नज़रबंद कैंप में भेजा जाएगा, क्या ये सच है? अफ़सर आपसे क्या पूछेंगे? आपके हक़ की गवाही कौन देगा?

आप वो नोटिस दिखाती हैं जिसमें आपकी सुनवाई का दिन और केंद्र की जानकारी है। उसमें इतने सारे संक्षिप्ति वाले शब्द हैं कि गौबुरा के पास भी इसके जवाब नहीं हैं। यह केंद्र आपके घर से काफ़ी दूर है और आपके 9 रिश्तेदार आपके लिए बयान देने वाले हैं। आप मुझे सुनवाई के दिन के बारे में बताती हैं, जो कि बहुत कठिन था। आप और आपके भाई-बहन लंबे समय तक खेत नहीं जा पाए थे, और आपके बच्चे स्कूल नहीं जा पाए थे। लोकल बसें केंद्र तक नहीं जातीं, इसलिए आपको मजबूरन एक मिनी बस बुक करनी पड़ी थी। शुक्र है, कि एक पड़ोसी ने आपको इसके लिए पैसे उधार दे दिए थे। सुनवाई के दिन बेहद धूप और गर्मी थी, लेकिन केंद्र पर एक छज्जा भी नहीं था कि लोग धूप से बच सकें। आपकी भतीजी ने अपने बच्चे को दूध पिलाने के लिए घंटों एक जगह ढूँढी। केंद्र में नवजात बच्चों की मौतों की ख़बर से वो काफ़ी डरी हुई थी।

जिस कमरे में सुनवाई हो रही थी, वो एक बड़ा कमरा था, जिसमें काफ़ी सारी मेज़ें थीं। हर मेज़ के पीछे एक अफ़सर बैठा था। सभी अफ़सर मर्द थे। वहाँ बहुत सारे लोग थे, जो एक मेज़ से दूसरी मेज़ के चक्कर काट रहे थे। कोई आप की ही तरह गुमसुम था, कोई अपने झोले में से काग़ज़ात निकाल रहा था।

एक औरत जिसने सारी ज़िंदगी सिर्फ़ अपने परिवार और पड़ोसियों से बात की है, उसके लिए इतने सारे अंजान मर्दों से बात करना दहशत भरा था। आख़िरकार जब आपकी बारी आई, तब आपको पता चला कि अफ़सर को सिर्फ़ आसामी भाषा आती थी, वो बांग्ला भाषा नहीं जानता था जो आपका परिवार बोलता है। जब मैंने आपसे पूछा कि सुनवाई कैसी हुई तो आपने कहा कि पता नहीं। उन्होंने आपके परिवारवालों के बयान लिख कर दिए थे, लेकिन आप पढ़ नहीं पातीं, तो आपको बग़ैर पढ़े उन पर दस्तख़त करने पड़े। आपने अफ़सर को वो काग़ज़ात दिखाए, आपके हिसाब से जो वह माँग रहा था लेकिन शायद वो उनको कुछ और कह रहा था।

मैंने आपसे पूछा, 'आपको लगता है कि परिणाम आपके हक़ में होंगे?' आपने कहा, 'नहीं!'

अफ़सर ने एक इशारा करते हुए मज़ाक़ किया था कि आप बांग्लादेशी हैं। वो हँस रहा था, इसलिए आपको ठीक से पता नहीं चला कि उसका मतलब क्या था। आपको अभी भी इसकी फ़िक्र है कि आपके सारे काग़ज़ात सही थे या नहीं! फिर भी परिणाम आने में अभी वक़्त है।

हम इंतज़ार करेंगे।

मैंने पूछा, 'आपको डर लग रहा है?' आपने कहा, 'हाँ!' मैंने पूछा, 'क्यों?'

'वो हमें डिटेंशन (नज़रबंदी) केंद्र में भेज देंगे।'

आपने मुझे अपने पड़ोसी के बारे में बताया जिसे 'विदेशी' घोषित कर दिया गया था, जबकि वो और उसके परिवार वाले हमेशा से इसी इलाक़े में रहे हैं, अब वो छुपती फिर रही है और अपने परिवार के पालन-पोषण के लिए काम करने में नाकाम है। उन औरतों का क्या होता है जिन्हें उठा लिया जाता है? उन परिवारों का क्या होता है जब इकलौता कमाने वाला उनसे अलग कर दिया जाता है? आपके परिवार की क्या हालत होगी अगर उन्हें आपका मताधिकार साबित करने के लिए सालों-साल कोर्ट में अपना वक़्त और पैसा लगाना पड़े, और उनके पास पैसे हों ही ना? तीन साल पहले आपकी दोस्त के पिताजी को

बॉर्डर पुलिस ने बाज़ार से उठा लिया था, वो उन्हें तब देख पाई, जब उनकी लाश को अंतिम संस्कार के लिए घर भेजा गया। उस बूढ़े आदमी की डिटेंशन सेंटर में ही मौत हो गई थी। इलाक़े में एक कहावत है – जब वो तुम्हें उठा कर ले जाएँगे, तुम विदेशी हो, लेकिन अगर तुम मर गए, तो तुम्हारी लाश भारतीय है, जिसे दफ़नाया जाएगा।

असम के चार-चपोरी क्षेत्र में बंगाली-मुसलमानों के साथ काम करने वाले ज़्यादातर सामाजिक कार्यकर्ता बताते हैं कि एनआरसी में शामिल न किए जाने वालों में बड़ी संख्या महिलाओं की है (राज्य की तरफ़ से पारदर्शिता में कमी की वजह से हमें सही संख्या नहीं मिल सकी)। राज्य द्वारा पैदा की गई इस 'राज्यविहीनता' की वजह से ये महिलाएँ मुश्किलों में जी रही हैं। लिस्ट से बाहर रखे जाने की वजह से उनके मताधिकार छिन गए हैं और वो थोड़ी सी सामाजिक सुरक्षा भी छीन ली गई है जो उन्हें हासिल थी, और निकाले जाने के ख़िलाफ़ लड़ना भी उनके लिए एक बड़ी चुनौती है। प्रशासन इन महिलाओं के बुनियादी मसलों, जैसे – साक्षरता, जल्दी शादी की वजह से विस्थापन, जीवन की पारिस्थितिकी की ऐसी भंगुरता जो दस्तावेज़ों को कभी मुकम्मल नहीं होने देती – इन्हें हल करने में हमेशा से नाकाम रहा है, जिसकी वजह से महिलाएँ इस योजना का पहला शिकार बन रही हैं। यह प्रक्रिया क्लेम जमा होने के दौरान महिलाओं (अन्य अल्पसंख्यक जेंडर और विकलांगों) के अनुभवों को नज़रअंदाज़ करती है। इस वजह से यह प्रक्रिया उनके लिए ख़ास तौर से दुष्कर है और बाक़ायदा भेदभावपूर्ण भी, जो कि एनआरसी के अपने बहिष्करण एजेंडा के अलावा है।

इंडियन कल्चरल फ़ोरम, 14 सितंबर 2019

2.

डिटेंशन कैंप में एक मौत

ज़मसेर अली

2018 में प्रकाशित यह रिपोर्ट असम के डिटेंशन कैंप में हुई एक मौत की डरावनी कहानी है। शुब्रत डे की भारतीय नागरिकता सिर्फ़ कुछ कागज़ात के हेर-फेर और फ़ॉरेनर्स ट्रिब्यूनल में बैठे अधिकारियों की जानलेवा लापरवाही के कारण संदिग्ध हो गई, वे डिटेंशन कैंप में डाल दिए गए और बुनियादी मानवाधिकारों से वंचित वहाँ के अमानवीय हालात के बीच एक दिन उनकी मौत हो गई। यह रिपोर्ट बताती है कि एक आम इंसान के लिए नागरिकता के काग़ज़ी खेल के क्या मायने हैं।

असम के गोलपारा के एक डिटेंशन कैंप में एक बंगाली हिंदू की संदिग्ध रूप से मौत हो गई। 39 वर्षीय शुब्रत डे, जिनको हाल ही में बांग्लादेशी घुसपैठिया घोषित किया गया था, उनकी लाश उसी कैंप में मिली जहाँ उन्हें रखा गया था। ये घटना ऐसे समय में हुई है जब राज्य और केंद्र की बीजेपी सरकार, नागरिकता (संशोधन) बिल, 2016 की वकालत कर रही है।

डे, जिनकी मौत 26 मई 2018 को दोपहर 2 बजे हुई थी, गोलपारा ज़िले

के आशाडुबी गाँव के रहने वाले थे। उनके पास ख़ुद को भारतीय नागरिक साबित करने के काग़ज़ात मौजूद थे, हालाँकि फ़ॉरेनर्स ट्रिब्यूनल ने उन्हें असम में ग़ैर-क़ानूनी घुसपैठिया क़रार दे दिया था। उन पर कथित इल्ज़ाम लगाया गया था कि 24 मार्च 1971 के बाद वो बांग्लादेश से असम आए थे।

1979 में अविभाजित गोलपारा ज़िले के दक्षिणी सलमारा बाज़ार के एक घर में जन्मे शुब्रत डे ने अपने परिवार के साथ कृशनाई में पलायन किया था जो दक्षिणी सलमारा से 70 किलोमीटर की दूरी पर है। उनको अपने घर से कई-कई बार पलायन करना पड़ा था क्योंकि 1968 से दक्षिणी सलमारा के पुराने बाज़ार के इलाक़े के सैंकड़ों गाँव ब्रह्मपुत्र नदी में आई बाढ़ की वजह से बह गए थे। इनमें से कुछ गाँवों में अब भी सैलाब आता है। अक्सर ब्रह्मपुत्र नदी के पास एक टापू भी बन जाता है।

क़रीब 8 साल पहले, डे को 'डी-वोटर' (डाउटफ़ुल वोटर या संदिग्ध वोटर) कहा गया था और 2016 में असम में बीजेपी की सरकार आने के बाद उनका मामला फ़ॉरेनर्स ट्रिब्यूनल को सौंप दिया गया था। डे और उनके परिवार ने ट्रिब्यूनल के सामने अपनी नागरिकता से संबंधित सभी दस्तावेज़ जमा करने की हर मुमकिन कोशिश की थी। शुब्रत डे की माँ अनीता डे (71 वर्ष), जो परिवार की मुखिया भी हैं, उनका दावा है कि जब मामला फ़ॉरेनर्स ट्रिब्यूनल के पास गया, तो उनके परिवार को नोटिस दिया गया था। उन्होंने तुरंत गोलपारा के एक जाने-माने वकील से संपर्क किया और शुब्रत डे को भारतीय सिद्ध करने के लिए सभी ज़रूरी काग़ज़ात जमा किए।

परिवार को पहले ही कर लिया गया था शामिल

ये बात ग़ौर करने वाली है कि नेशनल रजिस्टर ऑफ़ सिटीज़न्स, 1951 में डे के पिता और दादा के नाम दक्षिणी सलमारा गाँव के मकान नं. 63 के निवासी के

तौर पर दर्ज हैं। उस लिस्ट में, उनके दादा डे (40), दादी माखन बाला डे (26), पिता कृष्ण पाड़ा डे (10) और चाचा दिज़ पाड़ा डे (4) के नाम, 4 और नामों के साथ दर्ज हैं। उस लिस्ट में, डे (40) का नाम स्वर्गीय हरेन्द्र चन्द्र डे के बेटे के रूप में दर्ज है। इसी तरह से 1966 की वोटर लिस्ट में, डे का नाम हरेन्द्र चंद्र डे के बेटे और माखन बाला डे का नाम डे की पत्नी के रूप में क्रम संख्या 755 और 756 (शुब्रत डे के दादा-दादी) के साथ 203 बालाडोबा गाँव में दर्ज हुआ था। लेकिन इस वक़्त शुब्रत डे के पिता कृष्ण पाड़ा डे का नाम रहस्यपूर्ण ढंग से हटा दिया गया था।

लेकिन 1985 की वोटर लिस्ट में, 1951 की एनआरसी में शामिल डे के परिवार के तीन महत्वपूर्ण सदस्यों के नाम शामिल किए गए थे। असम की दक्षिणी सलमारा विधानसभा सीट के गाँव 203 बालाडोबा की वोटर लिस्ट में ये बात साबित हो गई थी कि डे का परिवार कभी राज्य से बाहर नहीं भागा था। इस वोटर लिस्ट में, डे की पत्नी मकान संख्या 154 में रहने वाले परिवार की मुखिया थीं। इस वोटर लिस्ट में क्रम संख्या 704 से 709 तक 6 नाम शामिल किए थे, जिनमें से 3 ज़रूरी नाम 1951 की एनआरसी लिस्ट में भी शामिल थे। ये नाम थे – डे की पत्नी माखन बाला डे (65), डे के पुत्र कृष्ण पाड़ा डे (40) और दिज़ पाड़ा डे (30)। इस लिस्ट में 3 और नाम थे – डे के पुत्र राधा पाड़ा डे (आयु मालूम नहीं), कृष्ण पाड़ा डे की पत्नी अनीता डे (25) और दिज़ पाड़ा डे की पत्नी रुपाली डे (22)। शुब्रत डे, कृष्ण पाड़ा डे और अनीता डे के पुत्र थे, उनका जन्म 1979 में हुआ था। इसी दौरान, 1988 में जब परिवार बाबूपारा, कृशनई में रह रहा था, कृष्ण पाड़ा डे की मृत्यु हो गई।

ब्रह्मपुत्र नदी में आई बाढ़ की वजह से परिवार को एक जगह से दूसरी जगह जाना पड़ा था और आख़िर में वो गोलपारा ज़िले में कृशनई थाने के अंदर आने वाले आशाड़ुबी गाँव में रहने लगे। इसी दौरान, दो साल पहले कृष्ण पाड़ा डे के बेटे और डे के पोते शुब्रत डे को हज़ारों बेक़ुसूर असमियों की तरह ‘डी-वोटर’ क़रार दे दिया गया था और आख़िरकार उनका मामला फ़ॉरेनर्स ट्रिब्यूनल को

भेज दिया गया था। शुब्रत डे का परिवार ग़रीब था और वो उस परिवार में अकेले कमाने वाले थे। उन्हें कोर्ट के मुक़दमे लड़ने के लिए अपनी गायों और ज़मीन को बेचना पड़ा था। लेकिन दो महीने पहले फ़ॉरेनर्स ट्रिब्यूनल ने उन्हें बांग्लादेशी नागरिक घोषित कर गोलपारा ज़िले के एक डिटेंशन कैंप में भेज दिया और उनकी सारी मेहनत ज़ाया हो गई।

जल्दबाज़ी में काम करने वाले फ़ॉरेनर्स ट्रिब्यूनल, जिस पर कथित आरोप है कि वो बीजेपी के नेतृत्व वाली सर्बानंद सोनोवाल सरकार के आदेश पर काम करता है, उसने शुब्रत डे के सारे ज़रूरी दस्तावेज़ों को नज़रअंदाज़ करते हुए उन्हें एक 'घुसपैठिया' क़रार दे दिया। इसने साफ़ तौर पर बीजेपी सरकार का चेहरा उजागर कर दिया, जो भारतीय संविधान का उल्लंघन करते हुए सभी पड़ोसी देशों के नॉन-मुस्लिमों को भारत की नागरिकता देकर, नागरिकता (संशोधन) बिल, 2016 पास करने की फ़िराक़ में है, जबकि वो भारतीयों की नागरिकता के अधिकार को सुरक्षित रखने में नाकाम रही है।

इसने असम में भी बीजेपी सरकार का पर्दाफ़ाश कर दिया, यह दिखा कर कि कैसे फ़ॉरेनर्स ट्रिब्यूनल इस सरकार के निर्देशों पर चलते हुए हज़ारों भारतीय नागरिकों, ख़ास तौर पर मुस्लिम आबादी और दलित बंगाली हिंदुओं को ज़बरदस्ती 'बाहरी' बताने के लिए काम कर रहा है। इस वक़्त, असम में क़रीब 92,000 की आबादी को 'विदेशी' घोषित किया जा चुका है और 1,42,000 लोगों को 'डी-वोटर' क़रार दिया जा चुका है। इन लोगों ने अपनी नागरिकता के साथ-साथ अपने मूल मानवाधिकार भी खो दिए हैं।

वर्तमान में असम की सरकार, विदेशी घोषित किए गए नागरिकों के परिवारों को 'डी-वोटर' घोषित करने का काम कर रही है, ताकि उनका नाम संशोधित एनआरसी लिस्ट में न आए, और उनके मामलों को फ़ॉरेनर्स ट्रिब्यूनल को भेज दिया जाए। ऐसे ही हालात में, शुब्रत डे जिन्हें डिटेंशन कैंप में रखा गया, उनकी मानसिक और शारीरिक हालत बिगड़ गई। चूँकि डिटेंशन कैंपों में मानवाधिकार और स्वास्थ्य सुविधाएं सुनिश्चित करने के लिए कोई प्रावधान है ही नहीं, तो शुब्रत

डे की बीमारी की ख़बर उनके परिवार को नहीं दी गई। उनके परिवार को बस ये ख़बर मिली कि 26 मई 2018 को दोपहर 2 बजे शुब्रत डे की डिटेंशन कैंप में मौत हो गई।

शुब्रत डे की माँ अनीता डे और पत्नी करुणा डे का इल्ज़ाम है कि शुब्रत बीमारी से नहीं मरे बल्कि फ़ॉरेनर्स ट्रिब्यूनल ऑफ़ असम के ग़लत और मनगढ़ंत फ़ैसले के परिणामस्वरूप उनकी हत्या हुई है। कुछ संगठनों ने यह माँग भी की है कि जो शख़्स शुब्रत डे की नागरिकता पर फ़ैसला करने में शामिल था, उसे सज़ा मिलनी चाहिए।

सिटीज़न्स फ़ॉर जस्टिस एंड पीस, 29 मई 2018

सिटीज़न्स फ़ॉर जस्टिस एंड पीस (सीजेपी) एक मानवाधिकार आंदोलन है। यह सभी भारतीयों की स्वतंत्रता और संवैधानिक अधिकारों को कायम रखने और उनका बचाव करने के लिए समर्पित है। सीजेपी सशक्त तरीक़े से मीडिया के छात्रों, कार्यकर्ताओं, क़ानूनी चिकित्सकों और शिक्षकों को तथ्यों को खोजने के मिशन में लाने और उनके निष्कर्षों को दस्तावेज़ बनाने के लिए विभिन्न कार्यशालाओं का आयोजन करता है। संवैधानिक मूल्यों के रक्षकों को सहायता प्रदान करने की आवश्यकता को ध्यान में रखते हुए सीजेपी ने व्यापक क़ानूनी और सामुदायिक संसाधनों को एक साथ रखा है, जो लिंग, जाति और बाल अधिकारों के मुद्दों को व्यापक रूप से संबोधित करते हैं।

3.

असम में मियाँ के तौर पर बड़ा होना : कैसे एनआरसी ने मेरी ही पहचान को मेरे ख़िलाफ़ हथियारबंद किया

अब्दुल कलाम आज़ाद

लेखक अपने आप से ये सवाल उठा रहे हैं कि क्या उन्हें अब ये मान लेना चाहिए कि वे अब मात्र एक दूसरे दर्जे के निवासी बन कर रह जाएँगे? अगर वे ख़ुद इस सच को स्वीकार भी कर लें तो अपने तीन साल के बेटे को ये बात कैसे समझा पाएँगे? सदियों से चले आ रहे शोषण, हिंसा और भय ने असम के एक बड़े तबके को इस कगार पर पहुँचा दिया है कि वह बिना किसी उम्मीद के जी रहा है। उसे अब राज्य पर भी भरोसा नहीं है।

मेरे तीन साल के बेटे को प्री-स्कूल जाते हुए एक साल से कुछ ज़्यादा वक़्त हो चला है। बाक़ी तमाम माता-पिताओं की तरह ही मैं भी पहले दिन थोड़ा घबराया हुआ था। मुझे चिंता थी कि वह अपने सहपाठियों के साथ घुल-मिल पाएगा या नहीं। लेकिन जैसे-जैसे उसका ज़्यादा वक़्त हमारे बिना गुज़रने लगा, मुझे पहले थोड़ा गर्व महसूस हुआ और फिर ख़ुशी भी। उस पहले दिन, जब वह प्री-स्कूल के संकरे से दरवाज़े से बाहर निकला था तो उसकी आँखों में आँसू थे, वह थोड़ा

डरा हुआ भी लग रहा था। मैंने उसे गले लगाया। उसके आँसू जल्द ही ग़ायब हो गए और वह मुझे अपने दिन के बारे में बताने लगा।

वह अब कुछ जम गया है। उसके कई नए दोस्त हैं। रोज़ उसके पास बताने को एक नई कहानी होती है। हमारे किराए के मकान के बैठकखाने में अक्सर वह हमारे मकान मालिक की बच्ची के साथ खेला करता है। कई बार वे साथ मिलकर गाते हैं – 'बिलोते हालिसे धुनियाँ पोदुमी फूल' – तालाब में एक कमल का फूल लहरा रहा है। अपने जीवन के पहले तीन सालों में ही जो असमिया उच्चारण उसने सीख लिया है, मैं कभी उस तरह का साफ़ उच्चारण हासिल नहीं कर पाया। उसे सुनते हुए बड़ा गर्व सा महसूस होता है।

लेकिन जब मैं उसे देखता हूँ, तो डर भी जाता हूँ। मुझे अपना बचपन याद आ जाता है। मेरे पिता ने कभी मुझे नहीं बताया कि उनके प्यार की गर्माहट और हिफ़ाज़त के बाहर की दुनिया मेरे लिए इतनी शत्रुतापूर्ण होगी। यह मुझे तब महसूस हुआ जब मैं पहली बार गुवाहाटी गया। यहाँ आकर मुझे पहली बार यह अहसास हुआ कि मेरी एक अलग पहचान भी है, एक कमतर पहचान – मैं एक मियाँ था, बंगाली मूल का एक मुसलमान, जिसे असम में एक बाहरी व्यक्ति के तौर पर देखा जाता है, एक संदिग्ध बांग्लादेशी के तौर पर।

हर साल, पश्चिमी असम के बरपेटा ज़िले में मेरे मूल स्थान से बड़ी संख्या में लोग विभिन्न असंगठित क्षेत्रों में काम करने के लिए मौसमी तौर पर गुवाहाटी चले जाते हैं। जब मैं 14 साल का था, उस शहर को देखने चला गया। मुझे अपने होमवर्क में एक निबंध यह भी लिखना था कि मैंने गर्मी की अपनी छुट्टियाँ कैसे बिताईं। एक दिन, दोपहर बाद मेरे चाचा सिराजुल हक़ और मैं, गुवाहाटी के लालगणेश इलाक़े में एक भीड़भाड़ वाली सड़क पार करने का इंतज़ार कर रहे थे। मेरे चाचा की उम्र चालीस से ज़्यादा रही होगी और दो दिन से उनकी तबियत ठीक नहीं थी। इसलिए वह अपना रिक्शा नहीं चला पा रहे थे।

कुछ युवा पास ही खड़े थे। उन्होंने चाचा से उनके वाहन को धक्का लगाकर स्टार्ट करवाने को कहा। मेरे चाचा उन्हें अपनी ख़राब सेहत के बारे में बताने लगे।

उनके मुँह से बोल फूटे ही थे कि वे आदमी चाचा को गाली देने लगे। फिर उनको पीटते हुए 'केला मियाँ' और 'बांग्लादेशी' कहने लगे। मेरे चाचा हाथ जोड़कर उनसे रहम की भीख माँगते रहे लेकिन वे रुके नहीं। मैं डर गया और वहाँ से भाग गया। मैं एक अंधेरी गली में दौड़ता रहा और आँखों से ओझल हो गया। फिर मैं उस किराए के मकान में पहुँच गया जहाँ हम रह रहे थे। कुछ देर बाद चाचा भी लौट आए। वह दवा की दुकान पर भी नहीं गए थे। मेरे बाक़ी रिश्तेदार शाम का खाना पका रहे थे, और वह एक कोने में चुपचाप पड़े रहे, किसी से कोई बात नहीं की। वह ठीक से खाना भी नहीं खा पाए। मैं भी ख़ामोश रहा और किसी से उस घटना के बारे में कुछ नहीं कहा। रात में मुझे नींद नहीं आई। जब भी आँखें बंद करता, चाचा की तस्वीर आँखों के सामने आ जाती, किसी पिक्चर की तरह।

मैं बड़े भारी मन से अपने गाँव लौटा। मैं वो निबंध भी नहीं लिख पाया। किसी कारण से, मैंने उस रोज़ यह तय किया कि मैं अपनी पढ़ाई किसी भी क़ीमत पर जारी रखूँगा। मैं असमिया बनना चाहता था – किसी भी और से बेहतर अहोमिया, जिसकी पहचान पर कोई सवाल नहीं उठा सके। मैंने भाषा सीखी। वहाँ के खानपान को आत्मसात कर लिया। मैंने ख़ुद को बिहू गीतों की धुन में डुबो दिया। मुझे इस बात का अहसास ही नहीं हुआ कि कब यह मेरी ज़िंदगी का सबसे बड़ा मक़सद बन गया – मेरे क्लासरूम से लेकर मेरे काम करने की जगह तक, मेरी भावनाओं से लेकर मेरी कल्पनाओं तक, मेरा सारा ध्यान अहोमिया बनने पर था।

लेकिन अक्सर मेरे ज़ेहन में यह बात डाल दी जाती थी कि अहोमिया बनने की मेरी कोशिशें पर्याप्त नहीं हैं। मेरा लहजा शुद्ध नहीं था। मुझे यह याद आ जाता था कि मैं घर पर जो बोली बोलता था, वह गंदी थी। मुझे चेता दिया जाता था कि मेरी लुंगी अहोमिया पहचान का हिस्सा नहीं हो सकती थी। मुझे यह भी जतला दिया जाता था कि मेरे पूर्वज इस मिट्टी की संतानें नहीं थे।

कई मर्तबा ये सारी चेतावनियाँ हिंसक भी हो जाती थीं – जबानी या शारीरिक तौर पर – और कई बार बिना किसी हरकत के रहती थीं। मैंने सिलचर

के असम यूनिवर्सिटी में कुछ साल क़ानून की पढ़ाई की, हालाँकि आर्थिक तंगी के कारण उसे पूरी नहीं कर सका। बराक घाटी में सिलचर शहर, असम के बंगाली राष्ट्रवाद की हृदयभूमि माना जाता है। एक दिन, हॉस्टल में मेरी मुलाक़ात एक असमिया सीनियर से हुई। हमारा परिचय हुआ। जब मैंने बताया कि मैं कहाँ रहता हूँ यानी बरपेटा ज़िले का अपना पता उसे बताया तो उसने बड़े निर्लिप्त भाव से जवाब दिया, 'ओह, तुमि मियाँ?' जब मैंने कहा, 'हाँ', तो वह खामोशी से सीढ़ियाँ उतरकर नीचे चला गया, मानो उसकी एक मियाँ से बात करने में कोई रुचि नहीं थी। कुछ पल के लिए मैं वहीं जड़ हो गया। उस आदमी से फिर कभी बात करने की मेरी हिम्मत नहीं हुई।

मैं कई बार यह सोचकर हैरान होता हूँ कि क्या बात है जो उसे या उस जैसे बाक़ियों को इतना ताकतवर बना देती है और मुझ जैसे को इतना कमज़ोर? मैं ख़ुद से पूछता हूँ कि आख़िर मैं क्यों ख़ुद को इतना कमतर महसूस करता हूँ? क्यों मैंने उन युवकों के ख़िलाफ़ आवाज़ नहीं उठाई, जिन्होंने मेरे चाचा की पिटाई की थी? क्यों मैंने पलटकर उन पर हाथ नहीं उठाया? मुझे किस बात ने यह सोचने पर मजबूर किया कि उनका असमिया लहजा, उनकी भाषा और उनकी संस्कृति श्रेष्ठ है? किस बात ने मुझे यह सोचने पर मजबूर किया कि उनकी जीवन पद्धति की नक़ल किए बग़ैर मैं एक गरिमापूर्ण असमिया जीवन नहीं बिता सकता? मेरा लहजा, मेरी बोली, मेरा पहनावा और संस्कृति एक वृहद असमिया पहचान का हिस्सा क्यों नहीं हो सकती?

इसका जवाब अत्याचार, उत्पीड़न के कई सदियों पुराने इतिहास और उससे उपजे अंतहीन भय में छिपा है। मेरे जैसे मियाँ मुसलमान उस असमिया परिकल्पना का हिस्सा नहीं हैं जो ख़ालिस अहोमिया पहचान के साथ शुरू और ख़त्म हो जाती है। हम भले ही सदियों से इस ज़मीन पर रह रहे हैं और काम भी कर रहे हैं – अक्सर उन कथित अहोमियाओं के लिए – लेकिन हमें भीतर आने की इजाज़त नहीं। नेशनल रजिस्टर ऑफ़ सिटीज़न्स में बाहरी लोगों के इसी भय को औपचारिक स्वरूप दे दिया गया है। वह ऐसे किसी भी व्यक्ति को

अवैध क़रार देने की धमकी देता है जो अहोमिया राज्य की संतुष्टि के अनुरूप अपनी प्रमाणिकता सिद्ध नहीं कर पाते। उसने हमारी पहचान के सभी पहलुओं को हथियारबंद कर दिया है और अब उसका इस्तेमाल हमें हमारे अपने राज्य व राष्ट्र से बाहर रखने के लिए कर रहे हैं।

मेरे जिन चाचा को तथाकथित मिट्टी की संतानों ने पीटा था, उन्होंने दरअसल अपनी मिट्टी बेकी नदी के बहाव में खो दी थी। बेकी दरअसल ब्रह्मपुत्र की सबसे उफनती सहायक नदियों में से एक है। असम में हर साल चर – नदी द्वीपों और नदियों के तटों पर रहने वाले लोग, जिनमें से ज़्यादातर मियाँ मुसलमान होते हैं, नदियों के कटाव के कारण बेघर हो जाते हैं। बारिश के महीनों में ब्रह्मपुत्र और उसकी सहायक नदियाँ उफान पर आ जाती हैं और चरों के कई हिस्सों को निगल जाती हैं। इससे वहाँ के निवासियों के पास भीतरी इलाक़ों में जाने के अलावा कोई चारा नहीं बचता। देश के किसी भी अन्य इलाक़े में इस तरह के कटाव के शिकार लोगों को मुआवज़ा भी मिलता और पुनर्वास भी, या फिर वे कम से कम उसके लिए कह तो सकते ही थे। 1995 में मेरे चाचा की ज़मीन नदी में बह गई और वह अपने पिछले घर से बमुश्किल तीन किलोमीटर दूर हमारे गाँव आ गए। लेकिन मुआवज़ा मिलने की बात तो दूर, उन्हें विदेशी पंचाट से नोटिस मिल गया और उन्हें अपनी हिंदुस्तानी नागरिकता साबित करने को कहा गया।

लेकिन भीतरी इलाक़ों में जाने के बाद संदेह की नज़र से देखे जाने वालों में हमारे परिवार के वह अकेले व्यक्ति नहीं थे। उनके बड़े भाई, जो उन्हीं के साथ हमारे गाँव में आ बसे थे, भी 'डी' (संदिग्ध) मतदाता के रूप में चिन्हित कर दिए गए जिन पर अवैध बांग्लादेशी घुसपैठिया होने का संदेह किया गया था, लिहाज़ा उन्हें भी पंचाट के सामने अपनी पहचान साबित करना ज़रूरी था। हालाँकि हमारा गाँव ज़िला मुख्यालय से महज़ सात किलोमीटर ही दूर है लेकिन

अब भी वहाँ बारहमासी सड़क-संपर्क नहीं है। गर्मियों व मॉनसून के पूरे महीने हमारे घर पानी से घिरे रहते थे। अक्सर, मेरे चाचा ऊँची आवाज़ में मेरा नाम पुकारते और मुझे अपने घर आने को कहते या फिर पानी में अपनी डोंगी खेते हुए हमारे घर आते। तब हम उनके मामलों में चल रही कार्यवाही पर चर्चा करते। इन तमाम चर्चाओं में वह भारतीय नागरिकता साबित करने की अपनी क्षमता को लेकर काफ़ी आश्वस्त रहते। लेकिन मुझे उनके चेहरे पर भय और व्यग्रता साफ़ नज़र आती।

एक सोमवार, मेरे दोनों चाचा सुनवाई के लिए ज़िला मुख्यालय में विदेशी पंचाट के सामने गए। जब वह लौट रहे थे तो बड़े चाचा अचानक स्ट्रोक के कारण रास्ते में गिर पड़े। उन्हें अस्पताल ले जाया जाता, उससे पहले ही वह चल बसे।

यह वो क़ीमत थी जो मेरे चाचा को अपनी नागरिकता साबित करने के लिए चुकानी पड़ी – अपने बड़े भाई की जान – और फिर पाँच बीघा ज़मीन जो कोर्ट के खर्चे पूरे करने के लिए उन्हें बेचनी पड़ी थी। बड़े भाई की मौत के बाद चाचा के कंधों पर परिवार के चार और लोगों की ज़िम्मेदारी आन पड़ी। ऐसे में उन्होंने फिर से बांग्लादेशी कहलाए जाने का जोखिम उठाया और परिवार का खर्चा चलाने के लिए रिक्शा चलाने के इरादे से गुवाहाटी चले गए।

मेरे रिश्तेदारों में 'डी-मतदाता' के रूप में चिन्हित किए जाने वालों में सिर्फ़ मेरे दोनों चाचा ही नहीं थे। 1997 में पूरे राज्य में क़रीब चार लाख मतदाता – जिनमें ज़्यादातर मियाँ मुसलमान और बंगाली हिंदू ही थे – डी-मतदाता के रूप में चिन्हित कर दिए गए। मेरे विस्तारित परिवार से भी दो लोग इस सूची में थे – एक विधवा आंटी और एक और अंकल। मेरी वह आंटी बहुत कम उम्र में विधवा हो गई थीं। उन्हें अपने पाँच छोटे-छोटे बच्चों को बड़ा करने में काफ़ी तकलीफ़ों का सामना करना पड़ा था। डी-मतदाता चिन्हित कर दिए जाने के बाद तो उनकी मुश्किलें और बढ़ गईं। लेकिन उनकी ज़बरदस्त हिम्मत ने उन्हें खेतों में मज़दूरी से होने वाली मामूली आय से भी परिवार की देख-रेख करने में मदद दी। मेरे 'संदिग्ध' अंकल के पास गुवाहाटी यूनिवर्सिटी से इकॉनमिक्स में मास्टर्स की

डिग्री है और वह एक सरकारी स्कूल में पढ़ाते हैं। चुनावों के दौरान वह पीठासीन अधिकारी की भी भूमिका निभाते रहे हैं जबकि उनके ख़ुद के मतदान करने के अधिकार पर करीब दो दशकों से पाबंदी लगी हुई है।

और फिर, 'डी' ही अकेली श्रेणी नहीं है, जो मुझे व मेरे परिवार को तंग कर रही है। कुछ साल पहले असम पुलिस की सीमा इकाई ने गुवाहाटी के धीरेनपारा इलाक़े में किराए के एक मकान पर छापा मारा था जिसमें मेरे गाँव के वे लोग ठहरे थे जो वहाँ छिटपुट कामकाज के लिए आए हुए थे। इस पुलिस इकाई में चार हज़ार से ज़्यादा लोग हैं और उनके पास किसी भी व्यक्ति से भारतीय के तौर पर उसकी पहचान पूछने और किसी भी नागरिक को पंचाट के पास भेजने का अधिकार है। पुलिस ने उनसे उनकी नागरिकता संबंधी दस्तावेज़ माँगे, उनके नाम व पते दर्ज किए और ख़ाली काग़ज़ पर उनकी उँगलियों के निशान ले लिए। उसके तक़रीबन एक साल बाद उन सभी के पास विदेशी पंचाट से नोटिस आने लगे और उन्हें नागरिकता साबित करने के लिए कहा जाने लगा। यह सम्मन पाने वालों में मेरे दो चाचाओं के अलावा एक चचेरा भाई भी शामिल था, वह गुवाहाटी की सड़कों पर झालमुढ़ी बेचता है। मेरे रिश्तेदार अपनी नागरिकता बचा पाने में तो कामयाब रहे लेकिन जब उन्हें पहली बार नोटिस मिले थे उस वक़्त उनके चेहरों पर डर की जो छाया दिखी थी, वो अब भी मुझे नहीं भूलती।

बाक़ी तमाम लोगों की तुलना में मेरे परिवार वाले फिर भी भाग्यशाली रहे। डी-मतदाताओं के अलावा पूरे राज्य में क़रीब ढाई लाख लोगों को – जिनमें से ज़्यादातर मेरे चाचाओं की तरह गरीब हैं – बांग्लादेश से आए अवैध घुसपैठिए होने के संदेह में विदेशी पंचाटों के पास भेजा गया है। ऐसे भी मामले हैं जिनमें सरकारी अधिकारियों, सेना, वायु सेना, सीमा सुरक्षा बलों, पुलिस के जवानों और स्कूल अध्यापकों तक को संदिग्ध मानकर उनके मामलों को पंचाटों के पास भेज दिया गया है। कुछ मामले ऐसे भी हैं जिनमें एक ही व्यक्ति को कई बार पंचाट के पास भेजा जाता रहा है जबकि वही पंचाट उसे भारतीय नागरिक घोषित कर चुका है। सीमा पुलिस को कभी ऐसी ग़लतियों के लिए ज़िम्मेदार नहीं ठहराया

जाता, न ही नागरिकों पर बेजा बोझ डालने के लिए – वह पूरी बेपरवाही से अपना काम करती रहती है क्योंकि एक बेहद बर्बर विदेशी क़ानून, 1946 के तहत वह किसी भी तरह के दंड से पूरी तरह मुक्त है।

पंचाट ख़ुद भी मियाँ मुसलमानों और बंगाली हिंदुओं के लिए यातना का केंद्र बन गए हैं। इन संस्थानों को खड़ा तो न्याय देने के लिए किया गया है लेकिन ये दरअसल कसाईघरों की तरह काम कर रहे हैं जहाँ असम के वैध निवासियों की नागरिकता व अधिकार छीन लिए जा रहे हैं। सीमा पुलिस की ही तरह ये पंचाट भी अपनी क़िस्म के अनूठे तंत्र हैं जो सिर्फ़ असम में चल रहे हैं। यह अर्ध-न्यायिक संस्था उन लोगों के मामले सुनती है जिनकी नागरिकता पर राज्य द्वारा संदेह ज़ाहिर किया जाता है। ये मामले न्यायिक अधिकारियों द्वारा तय नहीं किए जाते बल्कि इनमें अक्सर उन वकीलों द्वारा फ़ैसला कर दिया जाता है जिन्हें क़रार के आधार पर पंचाटों का सदस्य बना दिया जाता है। राज्य में क़रीब सौ ऐसे पंचाट काम कर रहे हैं। इनके सदस्यों की नियुक्ति सरकार द्वारा की जाती है, उनका वेतन सरकार देती है, उनके काम का मूल्यांकन सरकार करती है और अगर असंतोषजनक पाया जाए तो सरकार ही उन्हें दरवाज़ा भी दिखा देती है। 2017 में सरकार ने इन पंचाटों के 19 सदस्यों को पद से हटा दिया। इस बारे में यह ख़बर आई कि इन सदस्यों को हटाने की एक वजह यह भी थी कि उन्होंने सीमा पुलिस द्वारा उनके पास भेजे गए मामलों के दावों के अनुरूप पर्याप्त संख्या में लोगों को 'विदेशी' घोषित नहीं किया।

सरकारी रिकॉर्ड के अनुसार नब्बे हज़ार से ज़्यादा लोगों को विदेशी घोषित किया गया है। इनमें से छब्बीस हज़ार से ज़्यादा मामले प्रतिवादियों की ग़ैर-मौजूदगी में एकतरफ़ा आधार पर तय कर दिए गए। इनमें से क़रीब एक हज़ार लोग राज्य में जेल परिसरों के भीतर स्थित छह अस्थायी डिटेंशन सेंटर्स में हिरासत में रखे गए हैं।

मैं इनमें से कई जेलों में गया। मैं एक शोध समूह के साथ इन डिटेंशन केंद्रों में गया था। इस साल जनवरी में एक्टिविस्ट व लेखक हर्ष मंदर, जो उस समय

राष्ट्रीय मानवाधिकार आयोग के विशेष मॉनिटर थे, ने मुझे एनएचआरसी के एक मिशन में शामिल होने को कहा। इस मिशन का काम उस प्रक्रिया की पड़ताल करना था जिसके ज़रिए किसी व्यक्ति को डिटेंशन केंद्र में भेजा जाता है, केंद्रों का अध्ययन और वहाँ हिरासत में रखे गए लोगों की मानवाधिकार स्थिति का मूल्यांकन करना भी इस मिशन का हिस्सा था।

इन जेल यात्राओं के बाद जो थोड़ी बहुत उम्मीद मेरे मन में थी, वह हताशा में बदल गई। डिटेंशन केंद्र, और कुछ नहीं बल्कि ज़िला जेलों के भीतर का ही एक हिस्सा है जिसे घेरकर उसमें, विदेशी घोषित किए जा चुके लोगों को रखा गया है। यहाँ हिरासत में रखे गए लोगों को अपने रिश्तेदारों से किसी औपचारिक संपर्क की इजाज़त नहीं होती। इनके पास अपील दाख़िल करने जैसे किसी क़ानूनी रास्ते की भी गुंजाइश नहीं होती क्योंकि पंचाट अपीलों की सुनवाई नहीं करते। लिहाज़ा हिरासत में रखे गए लोग केवल हाई कोर्ट या सुप्रीम कोर्ट में रिट याचिका दाख़िल करने का महँगा रास्ता ही अख़्तियार कर सकते हैं। डिटेंशन केंद्रों के भीतर ये लोग सज़ायाफ़्ता अपराधियों की ही तरह रहते हैं।

कोकराझार के एक कैंप में मेरी मुलाक़ात हिरासत में रखी गई एक उम्रदराज़ महिला से हुई, जो सीधी खड़ी भी नहीं हो पा रही थी। अपने अधझुके शरीर के साथ वह घिसटती हुई हमारे पास आई और उसने मेरे पाँव छूने की कोशिश की। मैं अचकचाकर एक क़दम पीछे हट गया। वह कैंप के फ़र्श पर लोटते हुए अपने जर्जर बदन की पूरी ताक़त लगाकर चिल्लाने लगी। वह मुझसे मौत की भीख माँग रही थी – दया में मौत।

मैं एक और ऐसी महिला से मिला जिसका चार साल का बेटा कैंप में उसी के साथ रहता है। उसने मुझे बताया कि जब उसे कैंप लाया गया था, तब उसका बेटा महज़ 14 दिन का था। उसके बाद से उसके बेटे ने जेल की चाहरदीवारी के बाहर की दुनिया नहीं देखी है।

गोलपारा डिटेंशन केंद्र में पचास से ज़्यादा असली बांग्लादेशी थे। उनकी स्थिति देखकर ये साफ़ समझ आता था कि राज्य जिन्हें विदेशी समझता है, उनके

प्रति उसके मन में क़तई कोई चिंता नहीं होती। हम जिन लोगों से मिले, उनमें से कुछ तो क़रीब एक दशक से वहाँ थे और उनका बाहरी दुनिया से न के बराबर संपर्क था। एक हिरासती ने मुझे अख़बार के एक पन्ने का फटा हुआ टुकड़ा दिखाया जिसपर एक बांग्लादेशी फ़ोन नंबर लिखा हुआ था। उसने वह नंबर पाँच साल पहले याद कर लिया था जब उसे पहली बार इस सेंटर में लेकर आया गया था और अब उसे उसने काग़ज़ के टुकड़े पर लिख लिया था, इस उम्मीद में कि एक दिन उसे अपने परिवार वालों से बात करके यह बताने का मौक़ा मिलेगा कि वह कहाँ है। एक तरफ़ जहाँ मेरे समुदाय को अवैध बांग्लादेशी कहकर रोज़ाना उत्पीड़ित किया जा रहा है, लाखों लोगों को उनकी नागरिकता के अधिकारों से वंचित किया जा रहा है, हज़ारों को मनमाने तरीक़े से विदेशी घोषित कर दिया जा रहा है और सैकड़ों को डिटेंशन केंद्रों में डाल दिया जा रहा है, वहीं असली बांग्लादेशी अपने देश वापस जाने के लिए तिल-तिलकर मर रहे हैं, लेकिन सरकार उन्हें भेजने के लिए कोई कदम नहीं उठा रही है।

मैं जब डिटेंशन केंद्र से लौटा तो चार साल के छोटे बच्चे का मासूम चेहरा मेरी आँखों के आगे घूमता रहा। आज भी, मेरे ज़ेहन में उसकी जगह अपने बच्चे की तस्वीर घूमती रहती है। इस ख़्याल से ही मेरी रीढ़ में कंपकंपी छूट जाती है।

मैंने यह सोचने की कोशिश की कि मेरी यात्रा एक अहम मौक़ा थी। आख़िरकार, मेरे पास अब उन यातनाओं का प्रत्यक्ष अनुभव था, जिन्हें मेरे राज्य के लोगों को भुगतना पड़ रहा था। मुझमें उम्मीद जगी। मैंने हर ज़रूरी विवरण का दस्तावेज़ीकरण करने का काम किया, ताकि जब यह रिपोर्ट राष्ट्रीय मानवाधिकार आयोग के पास और फिर वहाँ से मेरी सरकार के पास जाए तो हो सकता है कि इससे कोई सकारात्मक बदलाव नज़र आए। मेरा विश्वास उन कई सारी घटनाओं व विवरणों की वजह से दृढ़ हुआ था जिन्हें मैंने अपनी आँखों से

देखा था – उदाहरण के तौर पर, चार साल के बच्चे की माँ न तो मियाँ थी और न ही कोई बंगाली हिंदू, वह तो कथित ख़ालिस स्थानीय मुसलमान समुदाय से थी, एक खांटी-शुद्ध-अहोमिया। मुझे पूरा यक़ीन था कि मेरे मुख्यमंत्री सरबानंद सोनोवाल, जिन्होंने देशी असमिया लोगों के अधिकारों की सुरक्षा करने के वादे के अभियान पर ही अपना राजनीतिक करियर खड़ा किया था, मानवाधिकारों के इस घोर उल्लंघन को क़तई बर्दाश्त नहीं करेंगे।

लेकिन मैं एक बार फिर से ग़लत था। मंदर ने रिपोर्ट एनएचआरसी को सौंपी, जिसमें हिरासत में रखे गए लोगों की अमानवीय स्थितियों और इस मामले की प्रक्रियागत ख़ामियों और साथ-साथ सुधार में किए जा सकने वाले उपायों का भी पूरा ब्यौरा था। लेकिन एनएचआरसी – जो हर व्यक्ति, ख़ास तौर पर महिलाओं, बच्चों व अल्पसंख्यकों जैसे कमज़ोर समूहों, के मानवाधिकारों की रक्षा करने के लिए ही बनाई गई देश की सर्वोच्च अर्ध-न्यायिक संस्था है – ने बार-बार पूछे जाने के बावजूद इस पर कोई जवाब तक नहीं दिया। इससे मजबूर होकर मंदर ने विशेष मॉनिटर के अपने पद से इस्तीफ़ा दे दिया। बाद में उन्होंने एक काफ़ी भावपूर्ण लेख लिखा जिसमें डिटेंशन केंद्रों को 'मानवता व वैधानिकता के काले पक्ष' के रूप में व्यक्त किया।

जून में, संयुक्त राष्ट्र मानवाधिकार परिषद के चार विशेष प्रतिवेदकों ने विदेश मंत्रालय को एक ख़त लिखा और एनआरसी अथॉरिटी और निर्वाचन आयोग द्वारा लोगों को बाहर रखने के लिए उठाए गए कदमों के बारे में उन्हें मिली शिकायतों को लेकर चिंता व चेतावनी ज़ाहिर की। ख़त में यह आशंका ज़ाहिर की गई कि ये सारे कदम मियाँ मुसलमानों और बंगाली हिंदुओं द्वारा झेले जा रहे भेदभाव को और भी गहरा कर देंगे, जिन्हें 'गलत तरीक़े से ''विदेशी'' घोषित करके बेवतन बना दिया जा सकता है' या फिर उन्हें 'राजनीतिक भागीदारी व प्रतिनिधित्व के अधिकार' से वंचित किया जा सकता है।

इस ख़त ने एनआरसी की प्रक्रिया को राष्ट्रीय मुख्यधारा में पहुँचा दिया। अब तक मेरे जैसे मियाँ मुसलमानों की चिंताओं व मुद्दों पर कोई ध्यान न देने

वाले राष्ट्रीय व अंतर्राष्ट्रीय मीडिया ने हमें कवरेज देना शुरू कर दिया। इसमें कोई संदेह नहीं कि मुद्दा तो था – आख़िर एक समुदाय को, जिसके कई लोग पीढ़ियों से असम में रहते चले आ रहे हैं और जिसने ख़ुद को असमिया समाज व संस्कृति में ढालने के लिए अपने बूते का हर काम किया है, उसे महज़ 'बंगाली' कहकर सिमटा दिया जा रहा है, चाहे वो हिंदू हो या मुसलमान। बहरहाल, इन ख़बरों ने असमिया बोलने वाले मियाँ मुसलमानों की पीड़ा, और ख़ास तौर पर विदेशी पंचाटों और सीमा पुलिस की भूमिका के साथ-साथ असम के चर इलाक़ों में रहने वाले लोगों की दयनीय स्थिति को रेखांकित करके चर्चा में शामिल किया।

मुझे उम्मीद थी कि इससे उन लोगों को कुछ तो न्याय मिलेगा जो भेदभावपूर्ण पंचाटों से लड़ रहे हैं और राज्य भर में डिटेंशन केंद्रों में सड़ रहे हैं। लेकिन असमिया राष्ट्रवादियों की योजनाएँ कुछ अलग ही थीं। असमिया मीडिया में तुरंत ही एक जवाब अभियान छेड़ दिया गया जिसमें निहित स्वार्थों वाले किसी काल्पनिक समूह पर राज्य के हितों के ख़िलाफ़ काम करने का आरोप लगाया गया, मंदर जैसे मानवाधिकार कार्यकर्ताओं पर इस बात के लिए हमले किए गए कि वह एनआरसी के कामकाज में अड़ंगा लगा रहे हैं।

एक त्रुटिहीन एनआरसी न केवल तथाकथित असमिया राष्ट्रवादियों की माँग है बल्कि मुझ जैसे मियाँ की भी माँग है जिनकी असमिया पहचान को लेकर हमेशा सवाल उठता रहा है। जुलाई 2010 में तीन अन्य लोगों के साथ मेरी पत्नी का भतीजा पुलिस फ़ायरिंग में मारा गया। वे एनआरसी का पायलट प्रोजेक्ट चलाए जाने का विरोध कर रहे थे। फ़ॉर्म में जिस कॉलम को लेकर सबसे ज़्यादा गुस्सा था, उसमें मूल देश के बारे में पूछा गया था। वे एक त्रुटिहीन एनआरसी की माँग कर रहे थे। मेरा समुदाय भी हमें आधिकारिक रूप से पहचान प्रदान करने वाले दस्तावेज़ के तौर पर एनआरसी को एक ऐसे हथियार के तौर पर देखता था जिसकी मदद से वह उस अपमान व उत्पीड़न से लड़ सकता था, जिसे वह हर रोज़ झेल रहा था।

इस यक़ीन को नियोजित तरीक़े से तोड़ा गया, जब एनआरसी को अपडेट करने की प्रक्रिया में लोगों को बाहर रखने के दर्जनों तरीक़े खड़े कर दिए गए, जिसमें तथाकथित 'मूल निवासियों' का भी एक प्रावधान शामिल था ताकि मियाँ मुसलमानों और बंगाली हिंदुओं को बाहर रखा जा सके। डी-मतदाताओं का मुद्दा भी एनआरसी को अपडेट करने की प्रक्रिया के साथ सुलझाया जा सकता था, लेकिन पंचाटों द्वारा विदेशी मान लिए गए लोगों के वंशजों को बाहर करने से और भी समस्याएँ खड़ी हो गई हैं।

कोई जब लोगों को बाहर रखने की और भेदभावपूर्ण प्रक्रियाओं के बारे में सवाल उठाता है तो वह तथाकथित उदार असमिया बुद्धिजीवियों तक की आँखों में असमिया विरोधी बन जाता है। मेरे उदार असमिया दोस्तों ने मुझे पर आरोप लगाया कि उन लोगों को बांग्लादेश से हो रहे व्यापक पैमाने की घुसपैठ से जिस 'खतरे' का सामना करना पड़ रहा है, उसको लेकर मैं संवेदनशील नहीं हूँ। मैं भी तो उसी ख़तरे को महसूस करना चाहता हूँ, लेकिन मैं जब पलटकर अपनी ज़िंदगी की तरफ़ देखता हूँ तो मुझे अहसास होता है कि यह ख़तरा तो मैं हूँ – एक मियाँ।

मैं अहोमिया कहलाने के अपने मिशन के बारे में सोचता हूँ। अगर मैं आधुनिक असमिया समाज के रचनाकार श्रीमंत शंकरदेव पर अपना दावा रखता हूँ, अगर मैं ईद महफ़िल की बजाए बिहू आयोजित करना पसंद करता हूँ – हमने बंगाली नया साल मनाना तो एक सदी पहले ही बंद कर दिया था – अगर मैं उस वक़्त गौरव महसूस करता हूँ जब मेरा बेटा क्रांतिकारी असमिया सांस्कृतिक स्तंभ बिष्णु राभा के गीत गाता है, तो फिर भला मैं कौन सा ख़तरा लिए फिरता हूँ? फिर भला ये असमिया उग्र राष्ट्रवादी मेरी पहचान पर सवाल क्यों उठाते हैं जबकि मेरे पास पाँच पीढ़ियों से इसी ज़मीन पर रहने का इतिहास है?

मुझे अहसास हो जाता है कि मेरे अहोमिया गुणों का कोई मतलब नहीं है। मतलब तो केवल इस बात का है कि मैं उनमें से नहीं हूँ। वे अवैध घुसपैठियों

को बाहर भेजने को लेकर चिंतित नहीं हैं। उनका खतरा असमिया भाषा या संस्कृति के किसी ख़तरे के बारे में नहीं है बल्कि मेरे जैसे मियाँ मुसलमान उनकी सुविधाओं और श्रेष्ठता के लिए 'ख़तरा' हैं।

मुझे नहीं पता कि मैं उन्हें कैसे समझाऊँ कि मैं क्या महसूस करता हूँ जब मुख्यधारा के अपने असमिया दोस्तों और उनके बच्चों को उतने दस्तावेज़ पेश किए बिना ही एनआरसी में शामिल कर लिया जाता देखता हूँ जबकि हमारे दस्तावेज़ों की इतनी बेरहमी से पड़ताल की जाती है। अगर एनआरसी की प्रक्रिया एक इम्तिहान है और हर किसी ने उसमें उतरने की रज़ामंदी दी है तो फिर सबके लिए इसमें बराबरी का मैदान क्यों नहीं है?

यहाँ तक कि हमारे कथित सहयोगी भी इस बात को समझ नहीं पा रहे। 1980 के दशक के असम आंदोलन के दौरान, जब एनआरसी को अपडेट करने की माँग एक ज़बरदस्त टकराव का मुद्दा बन गई थी तो हिरेन गोहैन उन कुछ बुद्धिजीवियों में से थे जिन्होंने इस आंदोलन को खोखला बताया था। एक मुखर लोक बुद्धिजीवी माने जाने वाले गोहैन भाजपा के बहुसंख्यकवादी शासन के भी सख़्त आलोचक हैं। लेकिन वह भी असम के मुसलमानों के उत्पीड़न के अपने वर्णनों में 'शायद' और 'हो सकता है' जैसे शब्दों का इस्तेमाल करने लग जाते हैं।

हालाँकि गोहैन ने एक इंटरव्यू में अल-जज़ीरा को कहा था कि 1971 से पहले असम आने वाले हर व्यक्ति को यहाँ का मूल निवासी माना जाना चाहिए, लेकिन हाल ही में असमिया भाषा में एक लेख में उन्होंने असम के लोगों, ख़ास तौर पर मियाँ मुसलमानों के लिए कई चीजें स्पष्ट की। उन्होंने हमें एक संदेश देते हुए कहा कि मियाँ मुसलमानों को 'यह नहीं भूलना चाहिए कि पुलिस व सीआरपीएफ़ की पलटनों से सुरक्षा पाना एक भुलावे के समान है। उनकी सुरक्षा और उनकी रोज़मर्रा की बुनियादी ज़िंदगी की हिफ़ाज़त मुख्य रूप से देशी लोगों के भरोसे और सद्भावना पर ही निर्भर है।'

अगर मैंने उनकी बात को सही समझा है तो उसका मतलब यह है कि मुझे

इस बात से संतोष कर लेना चाहिए कि मेरा आत्मसम्मान, असमिया होने का मेरा गर्व, यहाँ तक कि दुनिया के इस हिस्से में मेरा अस्तित्व ही न केवल देशी असमिया लोगों के भरोसे व सद्भावना पर बल्कि उनकी दया व अनुकंपा पर भी निर्भर है। गोहैन शायद यह कहने की कोशिश कर रहे हैं कि अगर देशी लोग हमारा भरोसा नहीं करते हैं तो दुनिया का यह सबसे विशाल लोकतंत्र हमें सुरक्षा प्रदान नहीं कर सकता। हमारे समुदाय के लिए गोहैन कोई आम बुद्धिजीवी नहीं हैं, वह साहस व संघर्ष का चरम माने जाते थे। जब वह ख़ुद यह कह रहे हैं कि हम राज्य से न्याय या सुरक्षा की अपेक्षा न करें बल्कि स्थानीय लोगों की श्रेष्ठता के आगे समर्पण कर दें, तो मैं समझ सकता हूँ कि क्यों नेल्ली, नगाबंडा, चाओलखुवा, बहबारी और खगराबारी में मारे डाले गए हमारे समुदाय के हज़ारों लोगों को अब तक न्याय नहीं मिल सका है।

गोहैन के शब्द कितनी भी चोट पहुँचाते हों, उनमें सच्चाई का अंश तो है – मैं अब राज्य पर इस बात के लिए भरोसा नहीं करता कि वह माने कि मैं अहोमिया हूँ और वह मेरे अधिकारों की सुरक्षा करे। लेकिन मैं फिर भी अपना अस्तित्व बचाऊँगा। जितनी गालियाँ व अपमान मैंने बर्दाश्त किए हैं, उन्होंने मुझे थोड़ा लचीला बना दिया है। मैंने सीख लिया है कि एक दूसरे दर्जे के अहोमिया की तरह कैसे रहना है। बस मुझे हैरानी इस बात की होती है कि मैं अपने तीन साल के बेटे को इसके लिए कैसे तैयार करूँगा।

कारवां, 23 सितंबर 2018

4.

विवादित नागरिकता और बेवतन लोग : असम में एनआरसी की मानवीय त्रासदी और न्यायिक विफलता

सेंटर फ़ॉर इक्विटी स्टडीज़

असम में राष्ट्रीय नागरिक रजिस्टर यानी एनआरसी का समूचा मसौदा 30 जुलाई 2018 को जारी कर दिया गया था, जिसके बाद इस तरह का डर पनपने लगा था कि उसकी बिना पर मनमाने तरीक़े से 40 लाख से ज़्यादा लोगों को उनकी नागरिकता से वंचित करके बेवतन कर दिया जाएगा। इस जोखिम की शिकार आबादी का ज़्यादातर हिस्सा जातीय, धार्मिक व भाषायी अल्पसंख्यक समुदायों से है, जिनमें मुसलमान, बांग्ला मूल के हिंदू और नेपाली-भाषी प्रमुख हैं। इनमें भी बड़ी तादाद महिलाओं, बच्चों और दिहाड़ी श्रमिकों की है। यानी ये सारे के सारे लोग हाशिए और अलग-थलग कर दिए गए समुदायों से हैं। जिस भेदभावपूर्ण और मनमाने तरीक़े से यह सारी प्रक्रिया चलाई जा रही है, उससे बड़ी संख्या में लोगों के भीतर भय व निराशा का माहौल है, जिसकी वजह से अब तक पचास से ज़्यादा लोग आत्महत्या तक कर चुके हैं।

पृष्ठभूमि

जिस एनआरसी को इस समय अपडेट किया जा रहा है, वह मूल रूप से 1951 में तैयार किया गया था। उसका मक़सद असम में नागरिकों का एक निर्णायक रजिस्टर तैयार करना था। एनआरसी ख़ास तौर पर असम के लिए था और उसे अपडेट करने की जो प्रक्रिया चल रही है, वह 1985 में हुए असम समझौते का नतीजा है। असम में अशांति के लंबे दौर के बाद भारत सरकार और असम के राष्ट्रवादी आंदोलन के प्रतिनिधियों के बीच यह समझौता किया गया था। इस आंदोलन की एक प्रमुख माँग यह थी कि असम की जातीय पहचान को बरक़रार रखा जाए और असम राज्य में उसका प्रभुत्व क़ायम रहे। इस माँग ने वहाँ एक 'प्रवासी-विरोधी' एजेंडे की दिशा तय कर दी थी जिसके निशाने पर मुख्य रूप से बंगाली मूल के लोग थे। नेल्ली का नरसंहार इसी का नतीजा था, जिसमें 2,500 से ज़्यादा बंगाली मुसलमान मार डाले गए थे। इस समझौते का सार और उससे निकली एनआरसी को अपडेट करने की प्रक्रिया दरअसल अल्पसंख्यकों की सुरक्षा के लिए संविधान में शामिल मूल्यों व सिद्धांतों के उलट हैं।

इसके लिए जो प्रक्रिया निर्धारित की गई है उसके अनुसार एनआरसी में नाम शामिल किए जाने के लिए आवेदन करना होता है जिसका बाद में सत्यापन (वेरिफ़िकेशन) होता है। जो लोग एनआरसी में शामिल नहीं हो पाते, उनके सिर पर 'विदेशी' घोषित किए जाने का ख़तरा मंडराता रहता है जिसके परिणामस्वरूप वे बेवतन क़रार दिए जा सकते हैं, डिटेंशन (हिरासत) केंद्रों में डाले जा सकते हैं या बग़ैर मताधिकार वाले नागरिकों के रूप में अलग-थलग किए जा सकते हैं। भारत व बांग्लादेश के बीच कोई प्रत्यर्पण संधि नहीं है, न ही बांग्लादेश या कोई भी अन्य देश इस तरह से एनआरसी से बाहर किए गए लोगों को अपना नागरिक स्वीकार करेगा, लिहाज़ा अंदेशा यह है कि लाखों लोग एक झटके में बेवतन घोषित कर दिए जाएँगे। इसे अंतर्राष्ट्रीय मानवाधिकार नियमों व मानकों के तहत सुरक्षित राष्ट्रीयता के अधिकार से लोगों को भेदभावपूर्ण तरीक़े

से वंचित करना माना जाएगा, जबकि भारत इन सारी अंतर्राष्ट्रीय संधियों को स्वीकार कर चुका है।

अघोषित समय सीमाएँ

एनआरसी को जिस कार्यक्रम के तहत अपडेट किया जा रहा है, उसे भारत के सर्वोच्च न्यायालय द्वारा अधिकृत किया गया है और वही उस पर नज़दीकी निगरानी भी रख रहा है। भारत सरकार और असम की राज्य सरकार इसमें मुख्य भागीदार हैं। सुप्रीम कोर्ट से सीधे आदेशों के तहत एनआरसी राज्य समन्वयक (स्टेट कॉर्डिनेटर या एनआरसी-एससी) इस सारी क़वायद को संचालित करता है। 17 दिसंबर 2014 को सुप्रीम कोर्ट ने, एनआरसी को 1 जनवरी 2016 तक अपडेट करने की प्रक्रिया को पूरा करने की समय-सीमा को मंज़ूरी दे दी। तब से इसे कई बार संशोधित किया जा चुका है। आवेदन करने की आख़िरी तारीख़ यानी 31 अगस्त 2015 तक कुल 3,29,00,000 आवेदन प्राप्त किए जा चुके थे। एनआरसी का पहला (आंशिक) मसौदा 31 दिसंबर 2017 को प्रकाशित किया गया था जिसमें 1.9 करोड़ नाम थे। एनआरसी का समूचा मसौदा 30 जुलाई 2018 को प्रकाशित किया गया जिसमें 2,89,83,677 नाम थे।

फिर 25 सितंबर 2018 को अपीलीय प्रक्रिया शुरू की गई जिसमें संपूर्ण एनआरसी मसौदे से बाहर रह गए 40,70,707 लोगों को अपना नाम शामिल कराने का दूसरा मौक़ा दिया गया। इन दावों और आपत्तियों (सीएंडओ) के निबटारे के लिए मानक परिचालन प्रक्रिया (एसओपी) को काफ़ी बाद में यानी 1 नवंबर 2018 को अंतिम रूप दिया गया और उसमें आवेदन करने के लिए 31 दिसंबर 2018 तक का समय दिया गया। कुल मिलाकर इसमें 36.2 लाख दावे प्राप्त हुए और 2 लाख आपत्तियाँ भी दर्ज हुईं। लेकिन मीडिया की रिपोर्टों के अनुसार आपत्तियों में से ज़्यादातर, आवेदन करने के आख़िरी दिन दाख़िल की गईं और इन्हें ऑल असम स्टूडेंट्स यूनियन (आसू) के स्थानीय प्रतिनिधियों

ने दाख़िल किए। यही युवा संगठन असम आंदोलन के केंद्र में था। एनआरसी को अंतिम रूप से प्रकाशित करने के लिए 31 जुलाई 2019 का दिन तय किया गया था। फिर इसे बढ़ाकर प्रकाशन की तारीख़ को 31 अगस्त 2019 किया गया। जो लोग अंतिम एनआरसी से बाहर रह जाएँगे, उन्हें विदेशी नागरिक पंचाट (फ़ॉरेनर्स ट्रिब्यूनल) के सामने अपील करने का मौक़ा मिलेगा। यह एक अर्द्ध-न्यायिक संस्थान है जिसे विदेशी नागरिक (ट्रिब्यूनल) आदेश, 1964 के तहत गठित किया गया है और जिसका काम नागरिकता तय करना और अवैध प्रवासियों की पहचान करना है। यह ट्रिब्यूनल जिन लोगों की अपील को ख़ारिज कर देगा, वे एनआरसी से बाहर ही रहेंगे और इस तरह वे 'घोषित विदेशी' बन जाएँगे, जिन्हें देश से बाहर निकाल दिए जाने तक डिटेंशन केंद्रों में भेजा जा सकेगा। और वे सभी एक झटके में बेवतन हो जाएँगे।

मनमानी प्रक्रियाएँ और व्यवस्थागत भेदभाव

अद्यतन एनआरसी में नाम शामिल कराने के लिए आवेदक को अपने पूर्वज (माता-पिता या उनसे पहले की पीढ़ी) की पहचान देनी होती है और उस पूर्वज के साथ अपने रिश्ते को वंशावली के स्पष्ट विवरण के साथ ज़ाहिर करना होता है। उसके द्वारा जमा कराए गए वंशवृक्ष में उन लोगों के नाम भी शामिल होने चाहिए जो उसी पूर्वज के वंशज होने का दावा कर रहे हैं। स्वीकार्य दस्तावेज़ों की एक सूची भी निर्धारित की गई है जो उस पूर्वज की नागरिकता का सबूत देते हों (सूची 'ए' या विरासत दस्तावेज़)। दूसरी सूची में उन सारे दस्तावेज़ों का विवरण है जिनसे किसी आवेदक का पूर्वज व्यक्ति के साथ पारिवारिक रिश्ता साबित होता हो (सूची 'बी' या संबद्धता दस्तावेज़)।

एनआरसी के मसौदे से इतनी बड़ी तादाद में लोगों का बाहर रहना दरअसल एनआरसी के राज्य समन्वयक के दफ़्तर की प्रक्रियागत व क्षमता संबंधी नाकामियों का मिलाजुला नतीजा है। भेदभाव और मनमानापन इस नाकामयाबी

के केंद्र हैं। आबादी को 'मूल' व 'ग़ैर-मूल' निवासियों में बाँट दिया गया है और ग़ैर-मूल में ज़्यादातर बांग्ला व नेपाली-भाषी अल्पसंख्यक हैं। एनआरसी के अधिकारी इन दावों के सत्यापन के लिए अलग-अलग मापदंड का इस्तेमाल इस आधार पर कर रहे हैं कि आवेदक के पूर्वज 'मूल' निवासी हैं या फिर 'ग़ैर-मूल' निवासी। तमाम संदर्भों के बावजूद सुप्रीम कोर्ट ने 'मूल निवासियों' को परिभाषित करने से भी इनकार कर दिया है और न ही उनकी पहचान करने की कोई प्रक्रिया निर्धारित की है। अब एनआरसी की नौकरशाही इसे इस बात के लाइसेंस के तौर पर मान रही है कि वे मनमाने तरीक़े से 'ग़ैर-मूल' पृष्ठभूमि वाले लोगों के दस्तावेज़ों को ख़ारिज कर सकें, जिसकी परिणति उनके आवेदनों के रद्द हो जाने में होती है। एनआरसी के अधिकारी आम तौर पर अपने निर्धारण की प्रक्रिया इस धारणा पर आधारित करते हैं कि केवल असमिया-भाषी और कुछ स्थानीय समूह ही यहाँ के 'मूल' हैं, और बाक़ी समूची आबादी – जिसमें हिंदी बोलने वालों के अलावा मुख्य रूप से बांग्ला व नेपाली मूल के लोग हैं – को 'ग़ैर-मूल' निवासी माना जाना चाहिए। 'मूल निवासियों' को किसी क़िस्म के सत्यापन या पड़ताल से गुजरने की ज़रूरत नहीं जबकि ग़ैर-मूल निवासियों को तमाम तरह की जाँचों और बड़ी सख़्त सत्यापन प्रक्रिया से गुजरना पड़ा।

उदाहरण के तौर पर, कुल 3.29 करोड़ आवेदनों में से 47 लाख आवेदनों में 'सूची बी' दस्तावेज़ों (यानी पूर्वजों से परिवार के रिश्ते का साक्ष्य) के तौर पर ग्राम पंचायत प्रमाणपत्रों का इस्तेमाल किया गया। इनमें से 'मूल निवासी' मान लिए गए 17.4 लाख आवेदनों के मामले में सुप्रीम कोर्ट ने प्रमाणपत्रों को स्वतः स्वीकार कर लिए जाने का आदेश दिया। लेकिन इसी आबादी के क़रीब 22.5 लाख 'ग़ैर-मूल' मान लिए गए लोगों के मामले में उसने प्रमाणपत्रों को जाँचने के लिए दो चरणों की सत्यापन प्रक्रिया तय कर दी। इसका ग़ैर-आनुपातिक असर 'ग़ैर-मूल' मानी गई उन अल्पसंख्यक महिलाओं पर पड़ा जो मुख्य रूप से ग्राम पंचायत दस्तावेज़ों पर निर्भर थीं।

दावों व आपत्तियों के चरण के लिए मानक परिचालन प्रक्रिया में इन व्यवस्थागत आंतरिक भेदभावों से निजात पाने का कोई रास्ता नहीं है। उसमें तो इन्हें स्वीकार करने के लिए चयनित सरकारी रिकॉर्ड की 'कड़ी पड़ताल' किए जाने की बात उल्लिखित है। एनआरसी के मसौदे को तैयार किए जाने का जो अनुभव सामने आया है, उससे यह पता चलता है कि तथाकथित 'ग़ैर-मूल' निवासियों के दस्तावेज़ों के भौतिक सत्यापन के दौरान ही उन्हें मनमाने तरीक़े से ख़ारिज कर दिया जाता है। सबसे दिक्क़ततलब प्रावधान तो वह था जिसमें किसी को 'गलत तरीक़े से शामिल किए जाने' के ख़िलाफ़ आपत्तियाँ दाख़िल किए जाने को बड़ा आसान बना दिया गया। इस प्रावधान में न केवल किसी व्यक्ति के द्वारा दाख़िल की जाने वाली आपत्तियों की संख्या-सीमा हटा दी गई, बल्कि यह अनिवार्यता भी ख़त्म कर दी गई कि आपत्ति दर्ज कराने वाला व्यक्ति स्थानीय निवासी होना चाहिए। और तो और, ग़लत व शरारतपूर्ण आपत्तियों के ख़िलाफ़ दंड का भी प्रावधान ख़त्म कर दिया गया। इन सारी बातों से एनआरसी को अपडेट करने की वाजिब प्रक्रिया से निरंतर समझौता होता गया और नतीजा यह हुआ कि निहित हितों वाले लोगों ने थोक में आपत्तियाँ दाख़िल कर दीं, वह भी कथित रूप से आवेदन के आख़िरी दिन, जिससे एनआरसी को अपडेट करने की प्रक्रिया का मूल मक़सद ही बेकार हो गया। ज़ाहिर था कि इसका एकमात्र मक़सद एनआरसी में शामिल लोगों को तंग करना था। उसके बाद आपत्ति दाख़िल करने वाला कोई व्यक्ति सामने नहीं आया। जब सुप्रीम कोर्ट को यह बताया गया कि आपत्तियों पर सुनवाई के दौरान, आपत्ति दाख़िल करने वाले ज़्यादातर लोग नहीं आए और तमाम आपत्तियाँ प्रशासनिक शर्तों को भी पूरा नहीं करतीं, तो सुप्रीम कोर्ट ने एनआरसी के राज्य समन्वयक को तेज़ी से मामले निपटाने के लिए अधिकृत कर दिया। परिणामस्वरूप तमाम आपत्तियों की सुनवाई एकपक्षीय ही हुई, लेकिन इससे सत्यापन की प्रक्रिया का नतीजा नौकरशाही की मनमर्ज़ी के और ज़्यादा भरोसे हो गया। इसके अलावा दावों व आपत्तियों के सत्यापन की

मौजूदा प्रक्रिया मोटे तौर पर अपारदर्शी रही है। अधिकारियों ने एक लाख से ज़्यादा नामों की नई सूची जारी कर दी है और एनआरसी के मसौदे में पहले से शामिल कई लोगों के मामले फिर से खोल डाले हैं।

भेदभाव और बहिष्करण का पूर्व संदर्भ

दरअसल यह कथित रूप से विदेशी माने जाने वाले लोगों की पहचान करके उनका उत्पीड़न करने के असम के उस लंबे ऐतिहासिक चलन की ही पुनरावृत्ति है, जिसमें ख़ास तौर पर बांग्ला-भाषी मुसलमानों को निशाना बनाया जाता रहा है। इस प्रवृत्ति के उदाहरण के तौर पर हम संदिग्ध विदेशियों की पहचान के लिए असम प्रवासी सीमा पुलिस (असम से निष्कासन) क़ानून, 1950 के इस्तेमाल और भारतीय निर्वाचन आयोग द्वारा केवल अल्पसंख्यकों को 'संदिग्ध' मतदाताओं के तौर पर चिन्हित किए जाने को देख सकते हैं। अब ज़्यादा से ज़्यादा यह होता है कि इन मामलों को विदेशी पंचाट (फ़ॉरेनर्स ट्रिब्यूनल) के सुपुर्द करने से पहले कुछ पड़ताल कर ली जाती है। विदेशी (ट्रिब्यूनल) आदेश, 1964 के अनुपालन में असम में गठित उक्त पंचाट इन तथाकथित 'संदिग्ध विदेशियों' द्वारा किए गए नागरिकता के दावों की पड़ताल करते हैं। लेकिन यह सारी पड़ताल विदेशी क़ानून, 1946 के तहत की जाती है, और इसी से ज़ाहिर हो जाता है कि इस सारी पड़ताल का क्या नतीजा निकलने वाला है। विदेशी क़ानून, 1946 साबित करने का सारा बोझ आवेदक पर डाल देता है (अनुच्छेद 9), और उसे ही अपने दावे की वैधता के बारे में पंचाट को संतुष्ट करना होता है। तथ्य यह है कि ज़्यादातर पीड़ित, निराश्रित और कम शिक्षित लोग होते हैं, वहीं दूसरी तरफ़ सरकार के भीतर न तो कुशल तरीक़े से रिकॉर्ड रखने का काम होता है और न ही वह सबकी पहुँच में होता है, लिहाज़ा ख़ुद को साबित करने की शर्त मनमाने तरीक़े से लोगों के बूते के बाहर कर दी जाती है।

विदेशी पंचाट के कामकाज के बारे में आरटीआई आवेदनों के आधार पर

की गई हाल की एक पड़ताल में इन संस्थाओं की निराशाजनक झलक दिखलाई देती है। जिन पंचाटों का अध्ययन किया गया, उनमें क़रीब दस में से नौ मामले मुसलमानों के ख़िलाफ़ थे। इन मुसलमानों में से 90 फ़ीसदी अवैध घुसपैठिए घोषित कर दिए गए, जबकि उनकी तुलना में जिन हिंदुओं के ख़िलाफ़ मामले चले उनमें से केवल 40 फ़ीसदी को ही अवैध घुसपैठिया घोषित किया गया। लेकिन पड़ताल करने वालों ने पाया कि पंचाट के सामने पेश होने वाला हर व्यक्ति बांग्ला-भाषी समुदाय से था। विदेशी पंचाट के फ़ैसलों में गहरी असंगति थी, ज़्यादातर में फ़ैसले एकपक्षीय हुए। इन पंचाट का काम देख रहे लोग ज़्यादातर दस साल तक के अनुभव वाले वकील थे, कोई जज नहीं था। ज़ाहिर है कि विदेशी पंचाटों के काम में असंगत प्रक्रियाएँ निहित थीं, जैसे कि नोटिस कैसे भेजे जाने चाहिए? क्या शिकायतों को पक्षकारों या उनके वकीलों द्वारा देखा जा सकता है? क्या दस्तावेज़ पेश किए जाने चाहिए? बयानों में क्या-क्या होना चाहिए? अभियुक्तों के पास साक्ष्यों को पेश करने के लिए कितना वक़्त है और साक्ष्यों से कैसे पूछताछ होनी चाहिए? दस्तावेज़ों का सत्यापन कैसे किया जाएगा? सुनवाई किस तरह से आयोजित की जाएगी, और आदेश कैसे दिए जाएँगे? कुछ पंचाट दस्तावेज़ों में उम्र या नामों के उच्चारण में असंगति के मामले में मौखिक स्पष्टीकरण भी मान ले रहे थे, तो कुछ अन्य कथित लिपिकीय त्रुटियों के आधार पर भी लोगों को विदेशी घोषित किए जा रहे थे। ज़्यादातर मामलों में साक्ष्यों की गवाही को ज़्यादा अहमियत नहीं दी जाती। हाल के दिनों में विदेशी पंचाटों पर इस बात का भी दबाव पड़ रहा था कि वे ज़्यादा से ज़्यादा लोगों को विदेशी घोषित करें, जिससे वाजिब प्रक्रिया का इस्तेमाल करने वाले निष्पक्ष पंचाटों के तौर पर काम करने की उनकी क़ाबिलियत से और भी समझौता हो गया। 1985 के बाद से विदेशी पंचाटों ने एक लाख से ज़्यादा लोगों को विदेशी घोषित किया है और यह संख्या 2016 के बाद से तेज़ी से बढ़ी है। इनमें से 63,959 लोगों को एकपक्षीय प्रक्रिया के ज़रिए विदेशी घोषित कर दिया गया।

अब 31 अगस्त 2019 को अंतिम एनआरसी के प्रकाशित किए जाने के

बाद बड़ी संख्या में जो अपीलें दाख़िल हो रही हैं, उन्हें निपटाने के लिए, तमाम ख़ामियों वाली इन्हीं संस्थाओं का तेज़ी से विस्तार किया जा रहा है और ऐसा करते वक़्त इस बात को कोई अहमियत नहीं दी जा रही कि क्या उनमें लोगों की ज़िंदगी व मौत के वैसे फ़ैसले करने की क्षमता है जो वे वाक़ई करने वाले हैं? हाल ही में सुप्रीम कोर्ट ने असम राज्य सरकार की इस योजना को हरी झंडी दे दी कि मौजूदा विदेशी पंचाट की संख्या को सौ से बढ़ाकर तुरंत तीन सौ कर दिया जाए। ऐसा करते हुए पंचाट के सदस्यों के लिए योग्यताओं की अनिवार्यता में भी कमी लाने की मंज़ूरी उसने दे दी। ज़ाहिर था कि इससे समस्या निवारण संस्थाओं के तौर पर विदेशी पंचाटों की क्षमता ख़तरे में पड़ गई। विदेशी (पंचाट) आदेश, 1964 में किया गया हाल का संशोधन विदेशी पंचाटों के प्रभावी शिकायत निवारण संस्थाओं के रूप में काम करने की संभावना को और भी कम कर देता है। ज़िला मजिस्ट्रेटों को इस बात की इजाज़त दी गई है कि एनआरसी अथॉरिटी (नागरिकता नियम, 2003 द्वारा प्रशासित) के फ़ैसले के ख़िलाफ़ अपील के अंग के रूप में वे अपीलकर्ताओं के विदेशी होने के बारे में राय लेने के लिए उनके मामले को विदेशी पंचाट के पास भेज सकते हैं (अनुच्छेद 6)। वहीं विदेशी पंचाट को यह विवेकाधिकार दे दिया गया है कि वे किसी अपील पर कार्यवाही शुरू करने से पहले ही उसके औचित्य को तय कर सकते हैं (अनुच्छेद 10)। इन बातों से किसी अपील का मक़सद ही ख़त्म हो जाता है और किसी अपीलकर्ता के लिए सुनवाई का उचित मौक़ा मिलने की संभावना पर प्रतिकूल असर पड़ता है। इसके अलावा विदेशी पंचाटों को उनकी प्रक्रियाएँ ख़ुद निर्धारित करने की छूट (अनुच्छेद 17) देकर, कामकाज में उनकी मनमर्ज़ी को बढ़ावा दिया गया है जिसकी परिणति न्यायिक विफलता में होने की आशंका बढ़ जाती है।

जिन्हें अंतिम रूप से विदेशी मान लिया जाएगा, उन्हें डिटेंशन (हिरासती) केंद्रों में भेज दिया जाएगा। असम में अलग-अलग जगहों पर स्थित छह डिटेंशन केंद्रों में फ़िलहाल 1,133 'घोषित विदेशी' हैं। इनमें से 335 तो पिछले तीन सालों से यहाँ हिरासत में हैं। राष्ट्रीय मानवाधिकार आयोग (एनएचआरसी) के

एक विशेष मॉनिटर द्वारा असम के 'डिटेंशन केंद्रों' की हाल में की गई पड़ताल से कई दिल दहलाने वाले विवरण सामने आए हैं। इसमें केंद्रों की अवैधता, अनिश्चित हिरासत और हिरासत में डाले गए लोगों की तमाम बाक़ी तकलीफ़ें, उनके लिए किसी भी क़ानूनी रास्ते का अभाव और हिरासत की स्थितियों की ख़ालिस नाउम्मीदी को रेखांकित किया गया है। पीड़ितों को सज़ायाफ़्ता क़ैदियों जैसी स्थितियों में डालकर रखा गया है, लेकिन उन्हें तो क़ैदियों को मिलने वाले पैरोल और एक समय के बाद सज़ा से आज़ादी जैसे अधिकार भी नहीं मिलते। आज की तारीख़ तक एनएचआरसी ने भी इस सारी पड़ताल पर कोई क़दम नहीं उठाए हैं। इन डिटेंशन केंद्रों के बारे में सुप्रीम कोर्ट में हाल के एक दख़ल के बाद थोड़ी राहत देने जैसे क़दम उठाए गए हैं लेकिन इससे उनकी बेवतन हैसियत पर कोई असर नहीं पड़ा है। इस राहत में केंद्रों में तीन साल से ज़्यादा वक़्त गुज़ार चुके हिरासतियों को रिहा किया जा सकता है, लेकिन इसके लिए बाक़ी शर्तों के अलावा उन्हें दो मुचलकों के साथ ज़मानत देनी होगी और उनके बायोमेट्रिक्स व उँगलियों के निशान लेकर रिकॉर्ड में रखे जाएँगे। तमाम शर्तों को देखते हुए ज़्यादातर हिरासतियों के लिए ये राहत किसी काम की नहीं है।

भेदभाव तो भारत सरकार की हाल की उन कोशिशों में भी निहित है जो उसने एनआरसी व विदेशी पंचाट द्वारा बांग्ला-भाषी हिंदुओं को ही बड़ी संख्या में सूची से बाहर रख देने पर मचे शोर-शराबे के बाद इज़्ज़त बचाने के लिए करनी शुरू की है। इनमें नागरिकता क़ानून, 1955 में संशोधन कर देने की कोशिश भी शामिल है। नागरिकता संशोधन विधेयक, 2016 को अगर क़ानून में तब्दील कर दिया जाता है तो पड़ोसी देशों से भारत में – क़ानूनी अथवा ग़ैर-क़ानूनी, किसी भी रास्ते से – प्रवेश करने वालों को तेज़ी से भारत का नागरिक बनाने की व्यवस्था होगी, लेकिन इस स्कीम से मुसलमानों को बाहर रखा जाएगा। सरकार पहले ही बांग्लादेश, पाकिस्तान व अफ़गानिस्तान से ग़ैर-क़ानूनी तरीक़े से भारत आए तमाम ग़ैर-मुसलमानों को आम माफ़ी देने का ऐलान कर चुकी है।

वाजिब प्रक्रिया पर संदेह के बादल

सुप्रीम कोर्ट के 2014 के जिस आदेश से एनआरसी को अपडेट करने की प्रक्रिया शुरू हुई थी, उसमें इसे समयबद्ध तरीक़े से पूरा करने के लिए कहा गया था। ऐसा संभवतया इस वजह से था कि ख़ुद सुप्रीम कोर्ट 'असम में बांग्लादेशियों की घुसपैठ की व्यापकता' का दावा कर रहा था। कथित तौर पर दिसंबर 2001 में भारत सरकार द्वारा जारी किए गए आँकड़े के भरोसे सुप्रीम कोर्ट ने कहा कि भारत में 1.2 करोड़ अवैध बांग्लादेशी घुसपैठिए हैं और उनमें से 50 लाख तो सिर्फ़ असम में ही हैं। सूचना का अधिकार क़ानून, 2005 का इस्तेमाल करते हुए एकत्र की गई जानकारियों से यह संकेत मिलता है कि कोर्ट ने जो आँकड़ा उद्धृत किया था, वह सुनी-सुनाई बात पर आधारित था और भारत सरकार के पास 'भारत में रहने वाले बांग्लादेशी प्रवासियों समेत ऐसे तमाम अवैध घुसपैठियों का कोई वास्तविक अनुमान' नहीं है। इस बात से इस सारी क़वायद में सुप्रीम कोर्ट की भूमिका पर भी सवाल उठते हैं। असम एनआरसी मामले की सुनवाई कर रही सुप्रीम कोर्ट की पीठ का नेतृत्व जस्टिस रंजन गोगोई कर रहे हैं जो ख़ुद असमिया हैं और एनआरसी के आवेदक हैं, जिससे हितों के टकराव का मुद्दा भी उठता है। जस्टिस गोगोई को 3 अक्टूबर 2018 को भारत का मुख्य न्यायाधीश बना दिया गया और वह अब भी एनआरसी के मामलों की सुनवाई कर रहे हैं।

अनदेखी की गई चेतावनियाँ

एक महत्वपूर्ण क़दम के तहत जून 2018 में चार विशेष संयुक्त राष्ट्र प्रतिवेदकों ने भारत सरकार को एक पत्र लिखकर इस बात पर चिंता जताई थी कि 'असम में स्थानीय अधिकारी जिनके बारे में यह माना जाता है कि वे ख़ास तौर पर मुसलमानों और बांग्ला मूल के लोगों के ख़िलाफ़ हैं – अद्यतन एनआरसी से वास्तविक भारतीय नागरिकों को भी बाहर रखने की कोशिश के तहत सत्यापन

की प्रक्रिया से छेड़छाड़ कर सकते हैं।' पत्र में चेताया गया कि 'अगर ये आरोप सही पाए जाते हैं तो अपडेटेड रजिस्टर के कारण लाखों भारतीय नागरिकों को ग़लत तरीक़े से विदेशी ठहराए जाने और अंततः उन्हें बेवतन क़रार दिए जाने का जोख़िम खड़ा हो जाएगा।' एक अभूतपूर्व क़दम उठाते हुए, संयुक्त राष्ट्र विशेषज्ञों ने उसके बाद दो और पत्र लिखे, उन्होंने अपनी चिंताओं को फिर से ज़ाहिर किया और प्रक्रिया के बारे में चेताया। संयुक्त राष्ट्र मानवाधिकार आयुक्त के दफ़्तर की वेबसाइट से यह सूचना मिलती है कि इनमें से किसी भी पत्र पर भारतीय अधिकारियों की तरफ़ से कोई प्रतिक्रिया नहीं आई है।

यह 7-8 सितंबर 2019 को इंडियन सोसाइटी ऑफ़ इंटरनेशनल लॉ, नई दिल्ली में आयोजित की गई जन सुनवाई के लिए सेंटर फ़ॉर इक्विटी स्टडीज़ द्वारा तैयार किए गए पृष्ठभूमि पत्र का अनुवाद है।

5.

बांग्लादेशी अप्रवासियों की ‘बाढ़’ का हौव्वा

सुबोध वर्मा

आँकड़ों की छल-योजना में भाजपा सरकार का कोई सानी नहीं। जहाँ भी आँकड़े उनकी प्रतिष्ठा या उद्देश्यों के अनुरूप नहीं होते हैं, उन्हें सार्वजनिक करने पर किसी-न-किसी बहाने रोक लगा दी जाती है। पिछली पारी में बेरोज़गारी दर के आँकड़ों के साथ यही हुआ था और इस पारी में राष्ट्रीय अपराध रिकॉर्ड ब्यूरो के लिंचिंग संबंधी आँकड़ों के साथ यही हुआ है। ऐसा ही खेल 2011 की जनगणना के एक ख़ास हिस्से के साथ किया गया, जिसके सार्वजनिक होने से बांग्लादेशी अप्रवासियों के बारे में खड़े किए जा रहे हौव्वे की हवा निकल जाती। यह लेख इसी क्रूर चतुराई की अंतर्कथा है।

जनगणना के आँकड़े, बांग्लादेशी अप्रवासियों की ‘बाढ़’ भारत में घुसने का खंडन करते हैं, मगर जारी किए जाने के एक महीने के अंदर ही इन आँकड़ों को सरकारी वेबसाइट से हटा दिया गया।

2011 में इकट्ठा किए गए अप्रवासियों के आँकड़ों को जारी करने में सरकार ने आठ साल लगा दिए। और फिर, जारी होने के एक महीने के अंदर इनके एक हिस्से को हटा दिया गया। वह हिस्सा था, ‘तालिका नं. डी-2’, जो विदेश से

आकर भारत में बसने वालों के आँकड़े दर्शाता था। जनगणना कार्यालय की आधिकारिक वेबसाइट एक छोटे-से फ़ुटनोट में बताती है कि ये आँकड़े जाँचे जा रहे हैं और जल्द ही जारी किए जाएँगे।

न्यूज़क्लिक ने गायब होने से पहले ही इन आँकड़ों को डाउनलोड कर लिया था, इनके कुछ अहम पहलू नीचे दिए जा रहे हैं। शायद ये वही पहलू हैं जिनके कारण आँकड़ों को हटाया गया। ये बताते हैं कि 2011 में भारत में ऐसे 23 लाख लोग रह रहे थे जिन्होंने जनगणना के समय बताया कि उनका पिछला घर बांग्लादेश में था। 2001 की जनगणना में ऐसे लोगों की संख्या ज़्यादा थी यानी 31 लाख।

आँकड़े यह भी दर्शाते हैं कि अपनी मौजूदा रिहायशी जगह पर लोग कितने समय से रह रहे हैं। यानी, कितने साल पहले वे बांग्लादेश से आकर यहाँ बसे थे। पता यह चलता है कि क़रीब तीन चौथाई अप्रवासी (लगभग 77%) 1991 से पहले भारत आए थे। जैसा कि नीचे दिए गए चार्ट में दर्शाया गया है, बांग्लादेश से भारत आने वालों की संख्या साल दर साल कम होती गई है।

संघ परिवार और भारतीय जनता पार्टी लगातार यह प्रचार करते रहे हैं कि बांग्लादेशी अप्रवासी देश में बाढ़ की तरह फैल रहे हैं और इन 'घुसपैठियों' व 'ग़ैर-क़ानूनी' लोगों को तुरंत बाहर निकाल फेंकना ज़रूरी भी है, और अब मोदी जी के शासन में मुमकिन भी। आपने चोटी के कई भाजपा नेताओं को दावा करते हुए सुना या पढ़ा होगा कि भारत में 40 लाख बांग्लादेशी ग़ैर-क़ानूनी तौर पर रह रहे हैं।

मगर आँकड़े बता रहे हैं कि यह सब एक और झूठ है। विशेषज्ञों का मानना है कि बांग्लादेश से घटते अप्रवास के पीछे कई कारण हो सकते हैं, जिनमें सरहद पर लगाई गई कंटीले तारों की बाड़ और बांग्लादेश के पहले से बेहतर आर्थिक हालात शामिल हैं।

बांग्लादेशी 'घुसपैठियों' की मुनादी देश के अलग-अलग राज्यों में भी की जा रही है। संघ परिवार यह काम बड़ी लगन से कर रहा है। 'घुसपैठियों' की

2011 तक भारत में बांग्लादेश से आए लोग
(हज़ार में)

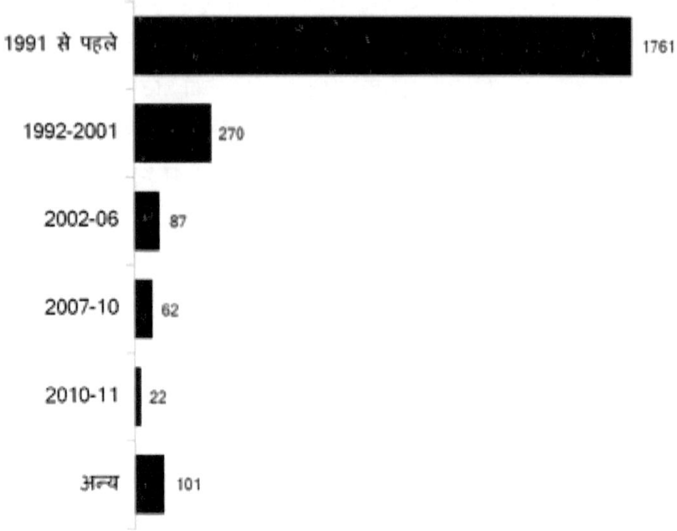

पहचान करना और उन्हें बेदख़ल करना ऐसा राजनीतिक नारा बन गया है, जो ऐसी-ऐसी जगहों में भी उठाया जा रहा है जहाँ कोई इक्का-दुक्का बांग्लादेशी ग़रीब ही आकर बसा होगा। उदहारण के लिए, दिल्ली के एक भाजपाई सांसद परवेश वर्मा ने लोक सभा में ये दावा करते हुए माँग उठाई कि 'ग़ैर-क़ानूनी अप्रवासियों' को खदेड़ने के लिए दिल्ली में असम की तर्ज़ पर एनआरसी तैयार किया जाए। मगर, जनगणना के आँकड़े दिखाते हैं कि दिल्ली में तो सिर्फ़ 2,321 बांग्लादेशी अप्रवासी हैं।

वास्तव में, 95% बांग्लादेशी अप्रवासी प. बंगाल, असम और त्रिपुरा में ही रह रहे हैं। बाक़ी बचे 5% लोग अन्य जगहों पर बसे हैं, वह भी मुख्य रूप से शहरों में। इनमें वो अप्रवासी भी शामिल हैं जिन्हें 1971 के बाद सरकार ने ही देश के अलग-अलग हिस्सों में बसाया था, हालाँकि इनकी तादाद अब काफ़ी कम हो चुकी है।

1991 से 2011 के बीच भारत में बंगलादेश से आए लोग
(प्रति लाख जनसंख्या)

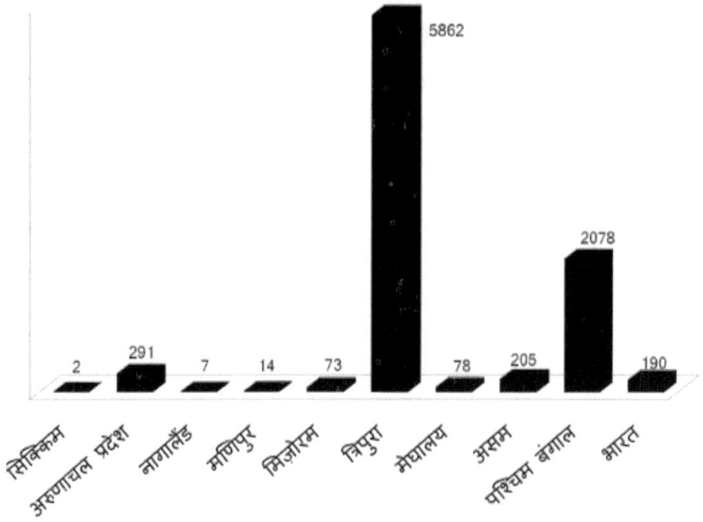

एक और भ्रांति यह फैलाई जाती है कि उत्तर-पूर्व के राज्यों में बांग्लादेशी 'घुसपैठिए' बेतहाशा भर गए हैं। ऊपर दिए गए चार्ट में आप देख सकते हैं कि उत्तर-पूर्व के अधिकाँश राज्यों में बांग्लादेशी अप्रवासियों की संख्या न के बराबर है। सिर्फ़ त्रिपुरा में इनका अनुपात ज़्यादा है – हर एक लाख जनसंख्या पर क़रीब 5,862 अप्रवासी। यह अनुपात भी कोई ख़ास ज़्यादा नहीं है – राज्य की कुल जनसंख्या का मात्र 6% है।

जनगणना के आँकड़े देश में रहने वालों की क़ानूनी हैसियत का कोई ख़ुलासा नहीं करते। जनगणना करने वाले कर्मी सिर्फ़ यह पूछते हैं कि मौजूदा रिहायश के पहले व्यक्ति कहाँ रहता था। यह भी मुमकिन है कि कुछ लोग सही जानकारी नहीं देते होंगे। यदि लोगों को कोई डर या ख़तरा महसूस न हो रहा हो, तो वो ग़लत जानकारी क्यों देंगे?

जनगणना हुई थी साल 2011 में। उस समय कोई तनाव या कलह का

माहौल तो नहीं था जैसा कि आज है, जब एनआरसी की तलवार लाखों लोगों के सिरों पर लटक रही है। न ही उस समय संघ परिवार, लोगों को अपनी धार्मिक पहचान को सर्वोपरि रखने और उसे अप्रवासी पहचान से जोड़ने के लिए डरा-धमका रहा था। इसलिए ये आँकड़े, मोटे तौर पर सच्चाई ही दिखा रहे हैं। शायद इसीलिए जनगणना कार्यालय (जो गृह मंत्रालय के तहत आता है) ने इन आँकड़ों को वेबसाइट से हटा दिया।

न्यूज़क्लिक, 21 अगस्त 2019

6.

असम में एनआरसी की राजनीति और परिणाम

सुप्रकाश तालुकदार

एनआरसी की पेचीदगियों को समझने के लिए 1951 से शुरू होने वाले इसके इतिहास को जानना ज़रूरी है। साथ ही, पिछले चार सालों में इसने जिस अनुपात में दहशत, असुरक्षा और अनिश्चितता का माहौल बनाया है, उसे भी। यह लेख इसकी मुकम्मल जानकारी देते हुए बताता है कि किस तरह समस्याओं का निपटारा करने की बजाए केंद्र में बैठी भाजपा की दिलचस्पी सिर्फ़ अपनी राजनीतिक रोटी सेंकने में है।

उत्तर-पूर्व भारत का राज्य असम आज तक कभी राष्ट्रीय मीडिया की नज़र में इस तरह नहीं आया था। पिछले कुछ सालों से सभी मीडिया प्लेटफ़ॉर्म पर यह ख़बरें बटोर रहा है। उसकी एक ही वजह है – नेशनल रजिस्टर ऑफ़ सिटीज़न्स (एनआरसी) का नवीनीकरण और उसके संभावित परिणाम। अंतर्राष्ट्रीय मीडिया की भी इस पर नज़र है क्योंकि इससे बड़ी संख्या में लोग 'राज्यविहीन' हो सकते हैं।

शायद यह दोहराने की ज़रूरत नहीं कि अब तक एनआरसी सिर्फ़ असम तक सीमित है। आज़ाद भारत में सिर्फ़ असम में ही, 1951 में एनआरसी तैयार

किया गया था। 1947 में आज़ादी के बाद देश में पहली जनगणना 1951 में हुई थी। असम में जनगणना के आँकड़ों को इसके पहले एनआरसी में तब्दील कर दिया गया।

पृष्ठभूमि : एनआरसी, 1951

बँटवारे के दौरान जो प्रवास शुरू हुआ, वो आज़ादी के बाद के सालों में भी जारी रहा। कम्युनिस्ट नेता हेमेन दास (89) ने आज़ादी के बाद के सांप्रदायिक तनाव को देखा है, स्वतंत्रता के तुरंत बाद हुई हिंसा को याद करते हुए वे कहते हैं, '1947 के बाद, देश के पश्चिमी हिस्से में सरहद के दोनों ओर भारी मात्रा में प्रवासन हुआ। 1948 के बाद इसकी तीव्रता काफ़ी घट गई। भारतीय संविधान में इस स्थिति की झलक दिखी और इसमें 19 जुलाई 1948 तक पाकिस्तान से आए हुए लोगों को भारतीय नागरिकता देने का प्रावधान किया गया। लेकिन पूर्वी पाकिस्तान में 1947 के बाद भयानक दंगे हुए, जिसकी वजह से असम में बहुत बड़े स्तर पर प्रवासन हुआ, ख़ास तौर से 1950 में। इसके साथ ही पूर्वी बंगाल के मुसलमानों के साथ असम के कुछ हिस्सों में आगजनी और लूटपाट की भी काफ़ी घटनाएँ हुईं। इसका परिणाम यह हुआ कि बड़ी संख्या में मुसलमान पूर्वी पाकिस्तान की ओर पलायन कर गए।'

उन्होंने आगे बताया, 'तो इन प्रवासनों की वजह से 1951 में जनगणना क़ानून के तहत असम में एनआरसी का प्रस्ताव दिया गया। इसलिए जनगणना के डाटा को आज़ाद भारत के अविभाजित असम में एनआरसी तैयार करने के लिए तब्दील कर दिया गया। इसकी प्रतियाँ पुलिस थानों, कांग्रेस व जमात-उलेमा-ए-हिंद के दफ़्तरों में भेजी गईं। एनआरसी का निरंतर नवीनीकरण किया जाना था जो कि नहीं किया गया।'

यहाँ ये बताया जाना चाहिए कि आज़ादी के बाद भी लोगों का आना जारी रहने के पीछे आर्थिक और सामाजिक दोनों कारण थे। ज़ाहिर है कि इस्लामी

पाकिस्तान में धार्मिक आधार पर उत्पीड़न का डर था और इसने भी लोगों के प्रवासन में भूमिका निभाई। 1971 में पूर्वी पाकिस्तान, पाकिस्तान से अलग होकर बांग्लादेश बन गया। इस नए देश ने एक धर्मनिरपेक्ष संविधान चुना।

असम विद्रोह

फिर 1979 में असम में एक बड़े आंदोलन की शुरुआत हुई जिसकी माँग थी कि पूर्वी पाकिस्तान और बांग्लादेश से आए सभी लोगों की पहचान की जाए और उन्हें निर्वासित किया जाए। उन्होंने माँग की कि 1951 को अंतिम सीमा माना जाना चाहिए और 1951 के एनआरसी को आधार। मार्क्सवादी कम्युनिस्ट पार्टी (सीपीएम) और अन्य वाम व लोकतंत्रिक ताकतों ने इसका विरोध किया। इन्होंने सशक्त तरीक़े से यह बात रखी कि 25 मार्च 1971 को अंतिम सीमा माना जाए। क्योंकि बांग्लादेश 1971 से पहले पूर्वी पाकिस्तान था, वह उससे पहले के प्रवासियों को वापस नहीं लेना चाहेगा।

सीपीएम और अन्य वाम व लोकतंत्रिक ताकतों पर ख़तरनाक हमले किए गए ऑल असम स्टूडेंट्स यूनियन (आसू), ऑल असम गण संग्राम परिषद, असम सरकार और केंद्र सरकार के बीच छ: सालों के संघर्ष की परिणति के रूप में 15 अगस्त 1985 को असम अकॉर्ड पर हस्ताक्षर हुए। इसमें बांग्लादेश से आने वाले विदेशियों को पहचानने और निर्वासित करने के लिए 25 मार्च 1971 को आधार वर्ष के तौर पर चुना गया। असम अकॉर्ड 16 अगस्त को संसद में पेश किया गया और इसके बाद ही नागरिकता क़ानून, 1955 में अनुच्छेद 6 (ए) को जोड़कर क़ानून में संशोधन किया गया। इस अनुच्छेद में प्रावधान है कि 24 मार्च 1971 तक 'विनिर्दिष्ट क्षेत्र' यानी बांग्लादेश से असम आए और रह रहे सभी प्रवासियों को नागरिकता प्रदान की जाएगी।

लेकिन किसी भी सरकार ने विदेशियों को पहचानने का काम नहीं किया। इसके विपरीत हज़ारों धार्मिक और भाषाई अल्पसंख्यकों पर विदेशी होने के नाम

पर अत्याचार होता रहा। चूँकि सरकार ने सरहद पर कंटीली तारें बँधवाने का काम नहीं किया, इसलिए राज्य के लोगों के मन में यह डर बना रहा कि सीमा पार से घुसपैठ बेरोकटोक जारी है। इसका परिणाम हुआ कि घुसपैठियों की संख्या को लेकर तरह-तरह की और अजीबोग़रीब क़यासें लगाई जाती रहीं।

ऐसी स्थिति में कई लोगों को शक़ ने घेर लिया। ऐसी कई घटनाएँ हुईं जहाँ लोगों को 'बांग्लादेशी' क़रार देकर प्रताड़ित किया गया। अल्पसंख्यक समुदायों के लोगों के लिए परमानेंट रेजिडेंट सर्टिफ़िकेट (पीआरसी) या स्थायी निवासी होने का सर्टिफ़िकेट मिलना मुश्किल हो गया। नतीजतन छात्रों के लिए उच्च शिक्षा संस्थानों, ख़ास तौर से व्यावसायिक शिक्षा संस्थानों में दाख़िला मिलना मुश्किल हो गया।

डी-वोटर कौन हैं?

1996-97 में भारत के निर्वाचन आयोग (ईसीआई) ने 'डी-वोटर' (डाउटफुल वोटर या ऐसे वोटर जिनके प्रामाणिक होने पर शंका हो) की एक ख़तरनाक व्यवस्था शुरू की। ईसीआई ने घोषणा की कि जाँच के आधार पर उन्होंने ऐसे लोगों की सूची तैयार की है जिनकी नागरिकता पर शक है और मतदाता सूची में इन पर डी-वोटर्स होने का ठप्पा लगा दिया जाएगा। बाद में यह सामने आया कि बड़ी संख्या में लोगों को बिना सही सत्यापन या जाँच के ही डी-वोटर क़रार दे दिया गया था। ईसीआई ने निर्णय दिया कि जब तक ये लोग फ़ॉरेन ट्रिब्यूनल (एफ़टी) में अपनी भारतीय नागरिकता का प्रमाण नहीं देते और 'डी' के इस ठप्पे से छुटकारा नहीं पा लेते, तब तक इन्हें वोट देने का अधिकार वापस नहीं मिलेगा। इसके ख़िलाफ़ तीखी प्रतिक्रियाएँ आईं और इसे अदालत में चुनौती दी गई। लेकिन गुवाहाटी उच्च न्यायालय और फिर सर्वोच्च न्यायालय ने भी डी-वोटर व्यवस्था को स्वीकार किया।

इसके बाद एफ़टी के काम करने की प्रक्रिया में भी मूलभूत परिवर्तन

आए। 1983 से एफ़टी की कार्यवाही इल्लीगल माइग्रेंट्स (डिटरमिनेशन बाय ट्रिब्यूनल्ज़) एक्ट, 1983 (आईएम, डीटी) के आधार पर चल रही थी। इस क़ानून के मुताबिक़ यदि किसी व्यक्ति (डी-वोटर) के ख़िलाफ़ कोई शिकायत या संदर्भ दिया जाए तो अपने ख़िलाफ़ लगे इल्ज़ाम को गलत साबित करने की ज़िम्मेदारी शिकायतकर्ता पर है। लेकिन सर्बानंद सोनोवाल बनाम भारत संघ मामले में सर्वोच्च न्यायालय ने 12 जुलाई 2005 को आईएम (डीटी) को निरस्त कर दिया। तब से एफ़टी फ़ॉरेनर एक्ट, 1946 के हिसाब से काम करने लगे जिसमें आरोपी को यह साबित करना पड़ता है कि वह विदेशी नहीं।

डिटेंशन कैंप

3 जनवरी 2013 को गुवाहाटी उच्च न्यायालय ने निर्णय दिया कि 'जिन व्यक्तियों को विदेशी क़रार दिया गया है, उन्हें हिरासत में लिया जाए और एक निश्चित समय के भीतर जब तक उन्हें निर्वासित न कर दिया जाए, वे डिटेंशन कैंप में रखे जाएँ।'

इन दोनों यानी डिटेंशन कैंप और डी-वोटर ने असम के हालात पर काफ़ी असर डाले। लाखों लोगों पर डी-वोटर का ठप्पा लग गया। 1997 के बाद ईसीआई नहीं बल्कि सीमा पुलिसकर्मी ने, ज़्यादातर मामलों में मनमर्ज़ी, संदिग्ध विदेशियों की सूची तैयार की। इसके बाद सीमा पुलिस के सुप्रिटेंडेंट ऑफ़ पुलिस (एसपी) एफ़टी के पास मामले भेज देते हैं। इस सूची की एक प्रति निर्वाचक पंजीकरण अधिकारी (ईआरओ) के पास भेज दी जाती है और ये इन पर डी-वोटर का ठप्पा लगा देते हैं। कई मामलों में बहुत से भारतीयों को विदेशी घोषित कर दिया गया और उन्हें डिटेंशन केंद्रों में रखा जा रहा है।

इतनी जटिल स्थिति में 1951 की एनआरसी सूची के नवीनीकरण का प्रस्ताव समय के साथ-साथ ज़ोर पकड़ता गया। असमिया-भाषी लोग और अन्य जनजातीय समुदायों ने प्रस्ताव का समर्थन इसलिए किया कि उन्हें लगा एक

नवीनीकृत एनआरसी सूची से विदेशियों की पहचान हो सकेगी। धार्मिक और भाषायी अल्पसंख्यकों ने भी इसका समर्थन इस उम्मीद में किया कि इससे उन्हें डी-वोटर क़रार दिए जाने की प्रताड़ना, डिटेंशन केंद्रों और इनके साथ जुड़ी यातना से मुक्ति मिलेगी। लगभग सभी राजनीतिक दलों और संगठनों ने 24 मार्च 1971 को अंतिम तारीख़ मानकर एनआरसी के नवीनीकरण का समर्थन किया। केंद्र सरकार ने एनआरसी के नवीनीकरण को 2005 में स्वीकृति दे दी थी लेकिन कोई न कोई कारण बनाकर इसे टाला जाता रहा। अंतत: सर्वोच्च न्यायालय ने हस्तक्षेप किया और यह प्रक्रिया 2013 में शुरू हुई।

एनआरसी के नवीनीकरण की प्रक्रिया

नागरिकता (रजिस्टर ऑफ़ सिटीज़न्स एंड इश्यू ऑफ़ नेशनल आइडेंटिटी कार्ड्स) नियम, 2003 के मुताबिक़ जहाँ देश के अन्य भागों में एनआरसी प्रक्रिया गिनती पर आधारित है, वहीं असम में यह आवेदनों पर आधारित होगी। 31 अगस्त 2015 को पूरी हुई तीन महीने लंबी आवेदनों की प्रक्रिया में 3,30,27,661 लोगों के लिए 68,37,660 आवेदन भरे गए (ऑनलाइन और ऑफ़लाइन दोनों)। पंद्रह दस्तावेज़ों को प्रामाणिक माना गया। लोगों को 25 मार्च 1971 से पहले की अपनी वंशावली (यानी असम या भारत के किसी अन्य भाग में मौजूदगी) साबित करने को कहा गया, जो अपनी वंशावली साबित कर सके, वे और उनके बच्चों को एनआरसी में शामिल करने योग्य माना गया। इसके बाद परिवारों को अपने वंश वृक्ष जमा करने के लिए कहा गया। साझी वंशावली वाले हर परिवार के लोगों के नाम सत्यापित किए गए। जहाँ भी गड़बड़ियाँ सामने आईं, वहाँ सुनवाई हुई। अशिक्षित शादीशुदा महिलाओं को अपने पिता के साथ अपनी वंशावली साबित करने में बेहद मुश्किल हुई हालाँकि पंचायत के प्रमाणपत्र मान्य थे लेकिन उनके साथ बहुत सी शर्तें लगाई गईं थीं। मूल निवासी (ओआई) और ग़ैर-मूल निवासी के विभाजन को लेकर भी बहस हुई। वैसे

तो नागरिकता (रजिस्टर ऑफ़ सिटीज़न्स एंड इश्यू ऑफ़ नेशनल आइडेंटिटी कार्ड्स) नियम, 2003 की अनुसूची में ओआई के संबंध में प्रावधान हैं, जिनके आधार पर एनआरसी का निर्माण हुआ, लेकिन ओआई कौन है इसके निर्धारण के संबंध में कोई मापदंड नहीं दिए गए। इसलिए एनआरसी अधिकारियों द्वारा जिस मनमाने ढंग से ओआई की पहचान की गई, उसका भी कड़ा विरोध हुआ।

एनआरसी का अंतिम मसौदा 30 जुलाई 2018 को प्रकाशित हुआ। कुल 40,43,948 (12.24%) आवेदकों को इसमें जगह नहीं दी गई। इसके बाद दावों और आपत्तियों का दौर चला। सूची से बाहर रखे गए 40,43,948 में से 36,26,330 लोगों ने ख़ुद को सम्मिलित किए जाने के लिए दावे पेश किए और 1,02,462 लोगों के नाम मसौदे में शामिल किए जाने पर आपत्ति जताई गई। एनआरसी के राज्य संयोजक ने मान्य दस्तावेज़ों में से पाँच को हटाने का प्रस्ताव दिया। लेकिन लगभग सभी राजनीतिक दलों ने इसका विरोध किया। अंततः सर्वोच्च न्यायालय ने इस प्रस्ताव को रद्द कर दिया।

न्यायालय ने केंद्रीय गृह मंत्री से इस चरण के लिए एक मानक संचालन प्रक्रिया (स्टैंडर्ड ऑपरेटिंग प्रोसीजर या एसओपी) का प्रस्ताव माँगा। लेकिन भाजपा सरकार ने किसी राजनीतिक दल या हिस्सेदार से इस संबंध में विचार-विमर्श नहीं किया। सीपीआई (एम) की असम राज्य समिति ने ख़ुद गृह मंत्रालय को बहुत से एसओपी के सुझाव भेजे। जिनमें से एक था कि जब तक एनआरसी की प्रक्रिया जारी है, तब तक डी-वोटर के मामले देख रहे एफ़टी पर 'रोक' लगे। वे सब लोग जो एनआरसी में शामिल किए जाने की योग्यता साबित करते हैं, उन्हें इसमें शामिल किया जाना चाहिए। अंतिम सूची में जिनके नाम शामिल नहीं किए जाते, उन्हें एफ़टी आदि में अपील के लिए भेजा जाना चाहिए। एक अन्य सुझाव यह था कि महिलाओं और बच्चों के नाम वंश वृक्ष के प्रयोग से शामिल किए जाएँ। पार्टी ने यह सुझाव भी दिया कि किसी व्यक्ति की वंशावली स्थापित करने के लिए अंतिम उपाय के तौर पर डीएनए जाँच की जाए, जिसका खर्च सरकार द्वारा उठाया जाए। लेकिन राज्य और केंद्र दोनों की भाजपा सरकार ने

एसओपी को लेकर बेहद ढीला रवैया दिखाते हुए महत्वपूर्ण सुझावों को ठंडे बस्ते में डाल दिया।

इस चरण में सुनवाई ज़्यादा कड़ी थी, लाखों लोगों को दूर-दराज़ जाकर सुनवाई मंच के सामने 4-5 बार पेश होना पड़ा। इसमें जितना खर्चा हुआ, वो निम्न आर्थिक वर्ग के लोगों के लिए झेल पाना बहुत मुश्किल था। एक बार फिर आपत्तियाँ उठाई गईं और ज़्यादातर मामलों में आपत्तियाँ पेश करने वाले मौजूद नहीं थे और एकतरफ़ा फ़ैसले सुना दिए गए।

26 जून 2019 को एनआरसी अधिकारियों ने एक अतिरिक्त सूची जारी की जिससे 1,02,462 लोगों को बाहर रखा गया क्योंकि वो डी-वोटर थे, घोषित विदेशी थे, फ़ॉरेन ट्रिब्यूनल में उनके ख़िलाफ़ मामले लंबित थे आदि। इन लोगों के लिए अलग सुनवाई की गईं।

अंतत: चार साल के लंबे इंतज़ार के बाद 31 अगस्त 2019 को एनआरसी की अंतिम सूची जारी हुई जिसमें 3,11,21,004 (94.23%) लोगों को शामिल किया गया। इससे कुल 19,06,657 (5.77%) लोगों को बाहर रखा गया। जिन लोगों की वंशावली थी, उन्हें भी शामिल नहीं किया गया। बाहर रखे गए लोगों में ज़्यादातर महिलाएँ थीं। कई मामलों में बच्चों के नाम सूची में नहीं थे जबकि उनके माता-पिता के नाम शामिल थे। कुछ लोग ऐसे भी हैं जिनकी साझी वंशावली वाले उनके भाई या बहन सूची में हैं, लेकिन वे नहीं। हालाँकि शरणार्थी प्रमाणपत्र योग्य दस्तावेज़ थे, लेकिन अधिकारियों ने हज़ारों मामलों में इन्हें स्वीकार नहीं किया। हज़ारों बंगाली हिंदुओं ने प्रवासी प्रमाणपत्र जमा किए। लेकिन यह स्वीकृत दस्तावेज़ नहीं था।

अपील की पेचीदगियाँ

अब सूची से बाहर किए गए लोग निर्धारित ट्रिब्यूनलों में अपील दायर कर सकते हैं। फ़ॉरेन ट्रिब्यूनल ऑर्डर, 1964 के तहत गठित फ़ॉरेन ट्रिब्यूनल में 120 दिनों

के अंदर अपील दायर करनी होगी। ट्रिब्यूनल ज़िला मजिस्ट्रेट को नोटिस भेजेंगे कि निकाले गए व्यक्ति की मूल फ़ाइल एक महीने के भीतर जमा करें। फ़ाइल मिलने के बाद एक महीने के समय में ट्रिब्यूनल निर्णय लेगा कि अपील सुनवाई के क़ाबिल है या नहीं। सीपीआई (एम) केंद्रीय गृह सचिव को पहले ही एक ज्ञापन सौंप चुका है कि इस प्रावधान को ख़त्म किया जाए।

एनआरसी की अंतिम सूची छापे जाने के पिछले दिन यानी 30 अगस्त 2019 को केंद्र सरकार ने एक असामान्य गज़ेट अधिसूचना जारी कर अपील के प्रावधानों में और संशोधन कर दिए। इसके अनुसार यदि अपील ख़ारिज कर दी जाती है तो ट्रिब्यूनल को स्पष्ट बताना होगा कि अपीलकर्ता को विदेशी पाया गया या नहीं। इसका निहितार्थ हुआ कि अगर कोई अपील ख़ारिज होती है तो अपीलकर्ता ख़ुद-ब-ख़ुद विदेशी घोषित हो जाएगा। इस नए प्रावधान से निर्धारित ट्रिब्यूनल की कार्यवाही पर नकारात्मक असर पड़ सकता है।

अनिश्चित भविष्य

जब सभी क़ानूनी विकल्प चुक जाएँगे तो सूची से बाहर किए गए लोगों की क्या नियति होगी? इस अहम मुद्दे पर सरकार ने चुप्पी साधी हुई है। यह मुद्दा इसलिए बेहद ज़रूरी है क्योंकि बांग्लादेश सरकार लगातार दावा कर रही थी/है कि 1971 के बाद से बांग्लादेश से कोई प्रवासी भारत नहीं आए। दरअसल ये दावे तथ्यों पर आधारित नहीं हैं। पिछले 2 सालों में ही बांग्लादेश सरकार ने स्वीकार किया है कि 278 लोग विदेशियों के तौर पर पहचाने गए और ये वहाँ के ख़ास हिस्सों से आए थे। 25 जुलाई को भारत सरकार ने करीमगंज ज़िले के सुतरकंडी सरहद पर बांग्लादेश पुलिस को डिटेंशन केंद्रों में बंद 25 लोग सौंपे।

ख़ैर, अगर बांग्लादेश सरकार ये मानने से इनकार करती है कि विदेशी क़रार दिए गए लोग उसके नागरिक हैं तो उन्हें बांग्लादेश नहीं भेजा जा सकता। तो, लाखों लोगों से जुड़ी इस समस्या का क्या हल है? डिटेंशन केंद्र इसका जवाब

नहीं हो सकते। इसके लिए एक सोची-समझी योजना होनी चाहिए और जनमत तैयार करने के सभी उपाय अपनाए जाने चाहिए। लेकिन सरकार किसी से बात करने को राज़ी नहीं, यहाँ तक कि राजनीतिक दलों से भी नहीं। वो तो सिर्फ़ सांप्रदायिक राजनीति और छिछले राजनीतिक फ़ायदों के लिए काम कर रही है। अगर ऐसे ही चलता रहा तो परिस्थिति और भी पेचीदा हो जाएगी।

न्यूज़क्लिक, 6 सितंबर 2019

7.

असम का मुस्तक़बिल क्या है?

संगीता बरुआ के साथ प्रशांत की बातचीत

अपनी किताब, असम : द अकॉर्ड , द डिस्कॉर्ड (Assam: The Accord, The Discord) में पत्रकार संगीता बरुआ पिशारोती असम समझौते के बारे में विस्तार से बताती हैं। वो उन घटनाओं का भी ज़िक्र करती हैं जो समझौते के बाद हुई हैं और एनआरसी पर आ कर रुकी हैं। न्यूज़क्लिक के लिए प्रशांत ने उनसे असम में एनआरसी के इतिहास और वहाँ के मौजूदा हालात के बारे में बात की।

प्रशांत : संगीता, आपने अपनी किताब में वाक़ई बड़े विस्तार से बातें की हैं। असम विद्रोह के शुरू होने की सदियों पुरानी वजहों से अपनी बात शुरू करते हुए, आज के एनआरसी और नागरिकता संशोधन बिल, और इन मुद्दों का जनता पर क्या असर पड़ता है, इन सभी विषयों पर आपने लिखा है। इससे पहले कि हम इन पर विस्तार से बातें करें, मौजूदा दौर के संकटों के बारे में बात करते हैं। तो जब एनआरसी की लिस्ट जारी हुई और उसमें 19 लाख लोगों को शामिल नहीं किया गया तब ज़मीनी स्तर पर उसका क्या असर हुआ और प्रतिक्रिया कैसी थी? तमाम वर्ग के लोग इसे कैसे देख रहे हैं?

संगीता : अभी तक कई न्यूज़ रिपोर्ट इस बारे में बता चुकी हैं। कोई भी ख़ुश नहीं है। वो लोग जो शुरू में एनआरसी का समर्थन कर रहे थे, वो भी ख़ुश नहीं हैं। उनका कहना है कि बिना काग़ज़ात के कई प्रवासियों को शामिल कर लिया गया है, जबकि जायज़ नागरिक बाहर हैं। फिर जो लोग इसका विरोध कर रहे थे, वो कह रहे हैं, 'देखो, हमने तो पहले ही कहा था!' अगर आप राजनीति में भी देखें, तो कोई पार्टी ख़ुश नहीं है। यहाँ तक कि ख़ुद बीजेपी, जो इसको ले कर आई है, वो भी ख़ुश नहीं है। आम लोगों की बात की जाए, तो बेहद अनिश्चितता का माहौल है। जिन लोगों के नाम नहीं हैं, उन्हें अब फ़ॉरेनर्स ट्रिब्यूनल (एफ़टी) के पास अपील करनी होगी, और कल ही एफ़टी के आदेश में एक और संशोधन हुआ है जिसमें कहा गया है कि वहाँ अपील करना ज़रूरी है। यानी अगर आप अपील करने नहीं गए, तो आपके इलाक़े का डीएम इस बारे में एफ़टी की राय के तहत काम कर सकता है। तो अब सभी को एफ़टी के पास जाना ही पड़ेगा। लोगों को ये भी नहीं पता है कि अगर एफ़टी उन्हें विदेशी घोषित कर देता है, तो उन्हें डिटेंशन सेंटर भेज दिया जाएगा, जैसा कि पहले हुआ था। तो अगर कोई विदेशी नहीं है, लेकिन फिर भी उसे विदेशी घोषित कर दिया जाता है, तब उसे बड़ी से बड़ी अदालत में जाना पड़ेगा; जिसके लिए ढेर सारे पैसों की ज़रूरत होगी। इनमें से काफ़ी लोग ग़रीब हैं, और उनके पास काग़ज़ात बहुत कम हैं। इसलिए ज़मीनी स्तर पर डर का माहौल है।

प्रशांत : यहाँ नागरिकता संशोधन बिल का भी मुद्दा सामने आता है, जिसकी वजह से इस क़दम में जल्दबाज़ी की गई है। हमने अमित शाह का बयान सुना जिसमें उन्होंने कहा कि मुसलमानों के अलावा बाक़ी सबको देश में रखा जाएगा। आपने अपनी किताब में एक और दिलचस्प बात का ज़िक्र किया है कि असम में कभी भी सांप्रदायिकता मुद्दा नहीं था, जैसा देश के बाक़ी हिस्सों में देखा जाता है। ये मुद्दा कभी भी हिंदू-मुसलमान का था ही नहीं, ये और

जटिल मुद्दा था। क्या अभी भी वैसी ही स्थिति है या हालिया विकास के बाद ध्रुवीकरण बढ़ गया है?

संगीता : देखिए, अगर हम आम लोगों से बात करें तो सांप्रदायिकता या हिंदू-मुस्लिम का एंगल बहुत कम देखने को मिलता है। उनके लिए ये मुद्दा बस 'प्रवास' का है, इसी की वजह से एएएसयू (All Assam Students Union) जैसे संगठन, जिन्होंने 1979 से 1985 तक 6 साल लंबा एंटी-विदेशी विद्रोह किया था, उनका भी यही कहना है कि ये किसी हिंदू या मुसलमान के ख़िलाफ़ नहीं है। जो लोग असम में 24 मार्च 1971 से पहले आए थे, वो रह सकते हैं, बाक़ी सबको बाहर जाना होगा, चाहे वो हिंदू हो या मुसलमान। इसी वजह से असम से शुरू होते हुए, नागरिकता संशोधन बिल के ख़िलाफ़ बड़े विरोध प्रदर्शन हुए थे। आख़िरकार, बीजेपी इसे नहीं ला सकी क्योंकि विपक्ष भारी संख्या में मौजूद था। जबकि बाक़ी भारत में, ये बहस एनआरसी के इर्द-गिर्द ज़्यादा घूम रही थी। ये एक और एंगल है, जिसे हमें नज़रअंदाज़ नहीं करना चाहिए, क्योंकि इसी से हमें सही-सही मालूम पड़ेगा कि लोग वाक़ई हिंदू-मुस्लिम की बात कर रहे हैं या नहीं। इसी वजह से मुझे लगता है कि नागरिकता संशोधन बिल के ख़िलाफ़ असम से शुरू हुआ विरोध प्रदर्शन, इस पूरे मसले पर काफ़ी ज़रूरी चीज़ है।

प्रशांत : किताब के कुछ ज़रूरी मुद्दों पर बात करते हैं। आपने 1979 से 1985 के दौरान असम में हुए विरोध प्रदर्शन की बात की है। यही वो वक़्त था जब समझौते किए गए थे। ऐसा माना जा रहा था कि असम की लंबे समय से चली आ रही शिकायतें, जिन्हें केंद्र सरकार द्वारा नज़रअंदाज़ किया गया, वो शायद अब हल हो जाएँगी। आज इतने सालों बाद, हम ऐसा माहौल देख रहे हैं जहाँ डिटेंशन कैंप हैं, ध्रुवीकरण हो रहा है और लोगों को एक-दूसरे के ख़िलाफ़ लड़ाया जा रहा है। जैसा कि आपने पहले भी कहा, सबसे ज़्यादा मुश्किलें ग़रीब वर्ग को हो रही हैं। इस सब को देखते हुए, क्या आपको लगता

है कि समझौता होने के बाद चीज़ें अलग तरीक़े से की जा सकती थीं? आज जहाँ हम पहुँच गए हैं, क्या इसकी वजह पिछले 20-30 सालों में चुना गया रास्ता है?

संगीता : अगर हम एकदम शुरुआती दौर की बात करें, तो हम देखते हैं कि इस पूरे मसले में सबसे बड़ी दिक़्क़त ये थी कि असम समझौते के मुख्य प्रावधानों को या तो लागू ही नहीं किया गया था, या फिर आधा-अधूरा लागू किया गया था। असम के चुनावी किरदारों में एक-दो बार बदलाव किए गए थे, लेकिन इससे पीड़ित पार्टियाँ संतुष्ट नहीं हुई थीं। और अंत में, इसने 'डी' या डाउटफ़ुल (संदिग्ध) वोटर का रूप ले लिया। तो टी.एन. शेषन के वक़्त भी, इलेक्शन कमीशन द्वारा कई कोशिशें की गई थीं। लेकिन कांग्रेस और अन्य पार्टियाँ उस वक़्त जनता तक पहुँचने में नाकाम थीं, जो दक्षिणपंथी ताक़तों का राज्य में इतने बड़े पैमाने में आने का एक और कारण बना। 2016 विधानसभा चुनाव में लोगों ने भारी संख्या में बीजेपी को वोट किया। असम में पहली बार बीजेपी की सरकार बनी और इसकी बड़ी वजह जनता की परेशानियाँ थीं, जिसके बारे में कांग्रेस ने या नई दिल्ली ने कुछ नहीं किया। मैं यहाँ ये भी बताना चाहती हूँ कि बीजेपी और अन्य दक्षिणपंथी ताक़तों ने ज़मीनी स्तर पर जाकर लोगों को ये बताया कि इसके बारे में कुछ भी नहीं किया जा रहा है। लेकिन इसके बारे में कुछ न करने और इसे लागू न करने के लिए कांग्रेस भी ज़िम्मेदार है। ऐसा नहीं है कि उन्हें पता नहीं था, इसके बारे में लगातार काम हो रहा था।

प्रशांत : आज कुछ मायनों में एनआरसी को असम समझौते के नतीजे से जोड़ कर देखा जा रहा है। लेकिन शायद ऐसा नहीं है। जैसा कि आपने अपनी किताब में ही बताया है, एनआरसी एक त्रुटिपूर्ण प्रक्रिया थी। 1951 की ऑरिजिनल एनआरसी में तो कई ज़िले शामिल ही नहीं थे। इस सब को देखते हुए, क्या इसे लागू करने के और ज़रिए हो सकते थे?

संगीता : इसे हम दो बेहद महत्वपूर्ण नज़रियों से देख सकते हैं। जब 1951 में

एनआरसी बना था, तो देखना होगा कि उस वक़्त केंद्र सरकार ने राज्य में और क्या क़दम उठाए थे। असम में नागरिकता का मसला लंबे समय से मौजूद था। हमें संसद में 1950 में पास हुए इमिग्रेशन एक्सपल्शन एक्ट जैसे क़दमों की भी बात करनी पड़ेगी, जो ख़ास असम के लिए पास किए गए थे, उसके बाद पीआईपी (PIP), जो भारतीय आईबी द्वारा चलाया गया था क्योंकि उस तरफ़ से बॉर्डर खुला हुआ था, और ये भी कि 1964 में एफ़टी बनाने की बड़ी वजह ये थी कि भारत और पूर्वी पाकिस्तान के बीच तनाव चल रहा था, क्योंकि उस वक़्त पाकिस्तान ने कहा था कि वो संयुक्त राष्ट्र जाएगा क्योंकि हम लगातार लोगों को उनके इलाक़े में भेज रहे थे। और यही वजह थी कि सरकार ने कार्यकारिणी फ़ैसला लिया ताकि लोगों के पास अदालती कार्रवाई के लिए एक शक्ति हो। तो दरअसल एफ़टी का गठन लोगों को 'विदेशी' घोषित करने की सुविधा के लिए किया गया था। इसलिए लोगों को एफ़टी के पक्षपाती होने जैसी ख़बरों पर हैरत नहीं करनी चाहिए। इसकी बनावट ही ऐसी है, इसमें इतने संशोधन किए जा रहे हैं।

जब 1951 में एनआरसी बना था, उसमें ये भी देखा जाना था कि असम के स्थायी नागरिक कौन हैं। लेकिन जैसा कि आपने कहा, लोग इसके बारे में ज़्यादा चिंतित नहीं थे। ये एक सरकारी प्रक्रिया थी और 1952 की जनगणना की वजह से जो पर्चियाँ निकलीं, उससे की गई थी। लोगों को ये नहीं बताया गया था कि इस प्रक्रिया से वो असम के नागरिक बन सकेंगे। लेकिन जब असम आंदोलन शुरू हुआ, तो ये एक बड़ी माँग थी कि एनआरसी, 1951 को आकलन के लिए केंद्र बिंदु माना जाए। यही वजह है कि जब फ़रवरी 1980 में एएएसयू के नेता इन्दिरा गाँधी से मिले, तब इस बारे में बात शुरू हुई लेकिन एनआरसी के कटऑफ़ डेट की वजह से वो असफल रही। इन्दिरा गाँधी ने कहा था कि वे लोग 24 मार्च 1971 चाहते थे, क्योंकि उसी दिन बांग्लादेश का गठन हुआ था। जब तक इन्दिरा गाँधी का दौर रहा, समझौते नहीं हो सके क्योंकि 1951 की एनआरसी के सवाल पर दोनों जनगणनाओं

में हुए प्रतिवाद की वजह से कोई समाधान नहीं निकल सका था। और जब मनमोहन सिंह की सरकार के दौरान 2005 में एनआरसी को अपडेट करने का फ़ैसला लिया गया। बाद में ये अदालती प्रक्रिया का हिस्सा बन गया क्योंकि ये 1971 की कटऑफ़ डेट के तहत होना था। शुरू में यह हितधारकों के बीच सामाजिक-आर्थिक समझ थी लेकिन अब ये अदालती प्रक्रिया का रूप ले चुकी है।

प्रशांत : तो क्या इस प्रक्रिया की वजह से हितधारकों की सामाजिक-आर्थिक समझ पर भी असर पड़ा है?

संगीता : काफ़ी हद तक, हाँ! क्योंकि इसे इस नज़रिए से देखा जा रहा था, जैसे एक समुदाय को दूसरे के ख़िलाफ़ खड़ा किया जा रहा है। लेकिन सभी हितधारक इकट्ठे हुए क्योंकि ये मुद्दा बहुत वक़्त से चल रहा था और सब चाहते थे कि इसे ख़त्म किया जाए। असम समझौता ना होने के बावजूद, उसके बाद राजनीतिक पार्टियाँ साथ आईं, नए वोट बैंक बनाए गए और असम ने शांति के साथ-साथ एक विद्रोह भी देखा। तो लोग थक चुके थे और इसका कोई समाधान चाहते थे। इसीलिए आम सहमति से ये फ़ैसला लिया गया कि अगर एनआरसी इस तरीक़े से अपडेट की जाएगी, तो ये मामला एक बार में सबके लिए सुलझ जाएगा। लेकिन जब इसने एक अदालती प्रक्रिया का रूप ले लिया, सिस्टम के पक्षपाती होने के क़यास लगाए जाने लगे। 2014 में जब बीजेपी सत्ता में आई, यह प्रक्रिया उलझ गई, और बीजेपी को मुस्लिम-समर्थक के रूप में नहीं देखा जाता है। राज्य में मुसलमानों की आबादी काफ़ी ज़्यादा है, और उसमें से अधिकतर बंगाली मूल के मुसलमान हैं। इसकी वजह से ज़मीनी स्तर के मुसलमानों में क्रोध का माहौल बन गया था। इसके अलावा मेरे हिसाब से उस वक़्त असमी समुदाय के ज़्यादातर लोगों की बात नहीं सुनी गई थी, इसलिये उन्होंने बीजेपी को वोट दिया। इससे एक साफ़ संदेश गया कि ये सांप्रदायिक क़दम हो सकता है। यहीं से ये सारा संप्रादायिक मामला शुरू हुआ, और सत्तारूढ़ पार्टी बीजेपी को ये अपने हित

में लगा। बीजेपी ने अपने हित को जनता के हित के साथ जोड़ कर दिखाया जबकि दोनों में बहुत बड़ा अंतर है।

प्रशांत : तो आप ये कहना चाह रही हैं कि बीजेपी का मक़सद हिंदु राष्ट्रवाद को असमी राष्ट्रवाद का पर्याय बनाना है?

संगीता : जी बिल्कुल! क्योंकि अगर हम अन्य राज्यों को देखें, जैसे गुजरात में 'गुजराती अस्मिता' अब 'हिंदू' अस्मिता बन चुकी है, शिव सेना के 'मराठी मानुष' का विचार, हिंदू राष्ट्रवादी पहचान के जैसा ही है। तो मेरा ख़याल है कि यहाँ भी ऐसा ही कुछ आज़माया जा रहा है कि असम के 'अहोमिया जातियो अभिदान' को 'हिंदू जातियो अभिदान' में बदल दिया जाए।

प्रशांत : ज़रा डिटेंशन कैंपों की बात करते हैं। आपने अपनी किताब में कुछ मुद्दों के बारे में विस्तार से बात की है कि लोगों को कैसे क़ानूनी कार्रवाई करने के लिए अलग-अलग सूत्रों से पैसे इकट्ठा करने में मुश्किलें आती हैं, और वह भी अक्सर कारगर साबित नहीं होता, कैसी भयावह स्थिति में लोग वहाँ रहते हैं, वग़ैरह! तो किसी समाज में जब एक वक़्त पड़ोसी रहे लोग डिटेंशन कैंप में पहुँच जाते हैं तो क्या होता है? अगर ऐसा होता है, तो इसका समाज की मानसिकता पर क्या प्रभाव पड़ेगा?

संगीता : सबसे पहले तो मैं, एक असमी होने के तौर पर, इसका पुरज़ोर विरोध करती हूँ। मैं उस समाज से आती हूँ, और मानवाधिकारों की बात तो अलग है। मेरा सवाल ये है कि एक फ़ैसला जिसकी ज़िम्मेदारी केंद्र सरकार की है, असम की जनता उसका नैतिक बोझ क्यों ढोती फिरे? ज़िले की कुछ जेलों को डिटेंशन कैंप बनाने की ज़िम्मेदारी राज्य सरकार को क्यों दी गई, वो भी एड-हॉक की तरह?

मैं ऐसे कई कैंपों में गई हूँ और ऐसे कई लोगों से मिली हूँ जो ऐसे सेंटरों से बाहर आए हैं। देखिए, ये वो ग़रीब जनता है, जिसने अपने क़ीमती असबाब बेच दिए हैं और काफ़ी वक़्त से दर-दर भटक रही है। इनमें से कई तो यहाँ पर इस वजह से हैं क्योंकि उनके पास अपने लिए एक वकील रखने के भी

पैसे नहीं हैं या उनको वकील नहीं मिलते हैं क्योंकि ज़्यादातर वकीलों को ये जानकारी ही नहीं होती कि केस कैसे लड़ा जाए।

मैं इस बात से हरगिज़ सहमत नहीं हूँ कि डिटेंशन कैंप में डाले गए लोग किसी ख़ास समुदाय से हैं। मैंने ये कभी नहीं कहा है। मैं ये कहती हूँ कि अगर ज़्यादा नहीं भी, तो बंगाली हिंदुओं और बाक़ियों की संख्या बराबर तो ज़रूर है। लेकिन जब एनआरसी की बात हो रही थी, तो मीडिया रिपोर्टों ने ये दावा किया कि ये सिर्फ़ एक समुदाय के ख़िलाफ़ है, सिर्फ़ मुसलमानों के ख़िलाफ़। लेकिन ऐसा नहीं है। और ये बात 31 अगस्त को साबित हो गई, जब एनआरसी की अंतिम लिस्ट में कई बंगाली हिंदुओं को शामिल नहीं किया गया था। ऐसा नहीं है कि बीजेपी को इसकी जानकारी नहीं थी, बल्कि उन्होंने तो एनआरसी को आम चुनावों में एक हथियार की तरह इस्तेमाल किया है। और आने वाले चुनाव में भी इसे ऐसे ही इस्तेमाल किया जाएगा। क्योंकि आपने पहले ही बताया जो अमित शाह ने कहा है, ये अब एक हथियार है।

प्रशांत : लेकिन एक बड़े स्तर की बात करें, तो क्या आपको लगता है कि अप्रवासियों को ऐसे गिरफ़्तार कर लेने का तरीक़ा लंबे समय तक कारगर होगा? क्योंकि, ये अब वैश्विक स्तर का मामला भी है। अमेरिका में भी यही मसला है। उदाहरण के तौर पर, लैटिन अमेरिका के लोग काम की तलाश में यूरोप जा रहे हैं, अफ़्रीकी देशों के लोग जंग से बचने के लिए बाहर जा रहे हैं और भारत में भी क्लाइमेट चेंज की वजह से बड़ी संख्या में पलायन होने की गुंजाइश है। तो क्या इस मुद्दे पर कोई विचार-विमर्श हुआ है कि आप कब पलायन के मसले को गंभीरता से लेंगे? कब उस राष्ट्रवाद के मुद्दे से हटा कर, एक व्यापक स्तर पर सोचा जाएगा?

संगीता : देखिए, जैसा कि मैंने अपनी किताब में भी लिखा है, जब एनआरसी का आख़िरी मसौदा जारी किया गया, जिसमें 40 लाख से ज़्यादा लोगों को शामिल नहीं किया गया था, तो मैंने असम के बाहर के कई लिबरल बुद्धिजीवियों को सिर्फ़ उस दिन की बात करते हुए देखा, और वो इस मुद्दे पर

व्यापक बात नहीं कर रहे थे। वो सत्ता की मनमानी की बात कर रहे थे, लेकिन इस मुद्दे के साथ ज़्यादा जुड़ नहीं रहे थे।

एक पत्रकार के तौर पर मैं हमेशा सोचती हूँ कि अगर इस मुद्दे को लोगों तक पहुँचाना है, तो पहले उससे ख़ुद जुड़ना होगा, और एक ऐसा वातावरण बनाना होगा जिससे पता चले कि दिक्क़त दरअसल है कहाँ! लेकिन ऐसा नहीं हुआ, असम विद्रोह के दौरान भी नहीं हुआ, हालाँकि असम के बाहर से ऐसे कई लोग थे जो मुद्दे से जुड़ना चाह रहे थे। उदाहरण के तौर पर, गाँधी शांति प्रतिष्ठान ने एक बहुत अच्छा प्रस्ताव दिया था, जिसे उस वक़्त सरकार ने माना भी था। और हर तरह की राजनीतिक सोच वाले लोग आगे आए और इस मुद्दे को अपनाया।

पलायन का मुद्दा ऐसा मुद्दा बन गया है कि इसकी अनदेखी करना अब मुमकिन नहीं है। कितनी भी रुकावटें पैदा की गई हों, जनता इन सबको नाकाम करने का कोई न कोई रास्ता खोज ही लेगी। सरकार को ये समझना चाहिए कि नॉर्थ-ईस्ट में समुदायों और लोगों में विविधता बेहद कम है। इस वजह से डर एकदम स्पष्ट हो जाता है। उनकी पहचान काफ़ी क्षेत्रीय है, और ज़मीन से जुड़ी हुई है। मुझे लगता है कि सरकार की तरफ़ से नेतृत्व करने वाले समुदायों को प्रोत्साहित करना चाहिए, ताकि मामला जल्दी सुलझ जाए। ये एक तरीक़ा हो सकता है।

डिटेंशन कैंप की बात करें तो सरकार किसी भी तरह के तंत्र की बात नहीं कर रही है। मेरा सवाल है कि वो क्या करेंगे? इस सारी प्रक्रिया के बाद मान लीजिए 10 लाख लोग बाहर रह गए, तो? आप क्या करेंगे उनका? सरकार ने हर चीज़ एड-हॉक की तरह रखी हुई है। अभी तक कई आत्महत्याएं हो चुकी हैं। असम समझौते के अनुसार, जिसे भी 'विदेशी' घोषित किया जाएगा, उसे वापस भेज दिया जाएगा। अब सरकार कह रही है कि उन्हें वापस नहीं भेजा जाएगा। मतलब वो यहीं रहेंगे। तो वो कितने वक़्त तक बिना राज्य के रहेंगे? इन सबको 'नागरिक' बनाने के लिए आपको कोई तो क्रियाविधि

तैयार करनी होगी! उसके बाद आप उन्हें कैसा नागरिक बनाएंगे? जो लोग 24 मार्च 1971 के बाद भी आए थे, वे भी 40 साल से हिंदुस्तान में हैं, उनके साथ आप क्या करेंगे? आपको इन सब मुद्दों को गंभीरता से लेने के लिए किसी क्रियाविधि की ज़रूरत है। हमें इन मुद्दों पर अभी बात करनी होगी।

प्रशांत : आपने असम के समाज से जुड़े तमाम सवालों के साथ अपनी किताब का अंत किया है। लेकिन ये समाज उन संकटों से कैसे जूझेगा जो उस पर आज हावी हैं, और वो भी जो आने वाले समय में दक्षिणपंथी गुट की तरफ़ से पैदा किए जाएँगे? आपके हिसाब से आने वाले सालों में चीज़ें किस दिशा में जाने वाली हैं?

संगीता : लंबे समय से इस समस्या का हल नहीं निकल पाने की वजह ये भी है कि राजनीतिक पार्टियों, ख़ास तौर पर राष्ट्रीय पार्टियों ने इस मुद्दे को लगातार बनाए रखा है। कांग्रेस ने पहले इसे ख़ूब भुनाया, और अब बीजेपी भी इसे आगे बढ़ा रही है और बीजेपी इसका कोई समाधान नहीं निकालना चाहती, क्योंकि वो इसे जारी रखना चाहती है। वो जितना मुमकिन होगा, उतना इसे सांप्रदायिक रंग देंगे, ताकि बहुसंख्यक जनता की असुरक्षा (इनसिक्योरिटी) बनी रहे। मुझे यही लगता है। लेकिन इससे समुदाय पर सवाल खड़े होते हैं।

क्या आप ख़ुद पहले एक हिंदू दिखना चाहते हैं, या आप पहले असम का नागरिक दिखना चाहते हैं? क्योंकि अगर आप पहले हिंदू दिखना चाहते हैं, तो असम के मुसलमानों का क्या होगा? वो भी अपने धर्म को स्थापित करने के लिए तमाम चीज़ें करते हैं। उनमें से कई लोगों ने बीजेपी को वोट भी दिया है। अगर आप ख़ुद को अहोमिया कहते हैं, तो ज़ाहिर तौर पर आपको अपने संस्कारों की जड़ों तक वापस जाना होगा। असम की कुछ बेहद जानी-मानी सांस्कृतिक हस्तियां – जैसे भूपेन हज़ारिका, ज्योति प्रसाद अग्रवाल, बिष्णु रभा – इन सभी ने दूसरों को स्वीकार किया है। असम में अब न्यू असमी या, 'नव-अहोमिया' का कॉनसेप्ट आ गया है। असम में

बंगाल से आए मुसलमानों ने भाषा सीख ली है, और उन्हें जनगणना में 'नव-अहोमिया' कह कर शामिल किया गया है।

इन कॉन्सेप्ट्स, इन विचारों के बारे में साहित्य, कविताएँ लिखी जा रही हैं इसलिए ज़मीनी स्तर पर इसको लोगों ने स्वीकार भी किया है। तो आप ख़ुद सोचिए, अगर हम किसी एक पार्टी के सांप्रदायिक एजेंडे के चक्कर में पड़ गए, तो इन लोगों का क्या होगा? ये एक सवाल है जो समुदाय के सामने है – 'आप क्या रास्ता चुनेंगे?'

न्यूज़क्लिक, 7 अक्टूबर 2019

8.

संवैधानिक प्रक्रियाओं और मानवीय लागत पर जन सुनवाई

सेंटर फ़ॉर इक्विटी स्टडीज़

सेंटर फ़ॉर इक्विटी स्टडीज़ ने 7 व 8 सितंबर 2019 को दिल्ली में इंडियन सोसाइटी ऑफ़ इंटरनेशनल लॉ में जन सुनवाई का आयोजन किया। इस सुनवाई की ज्यूरी में जस्टिस (रिटा.) मदन लोकुर, जस्टिस (रिटा.) कुरियन जोसेफ़, जस्टिस (रिटा.) ए.पी. शाह, देब मुखर्जी, गीता हरिहरन, सईदा हमीद, मुनिरुल हुसैन व फैज़ान मुस्तफ़ा शामिल थे। आप जो पढ़ने जा रहे हैं, वह उनकी अंतरिम ज्यूरी रिपोर्ट है। यह रिपोर्ट असम में एनआरसी की प्रक्रिया से पैदा हुए मानवीय संकट को रेखांकित करती है और ऐसा कोई संकट पूरे देश में फैलने की स्थिति के ख़तरों पर भी निगाह डालती है।

ट्रिब्यूनल के सदस्यों ने असम में नेशनल रजिस्टर ऑफ़ सिटीज़न्स से बाहर रखे गए लोगों और विभिन्न प्रमुख विशेषज्ञों की राय व अनुभवों को सुना है। हम सब इस बात से सहमत हैं कि एनआरसी ने एक मानवीय संकट खड़ा कर दिया है। हम इस बात से चिंतित हैं कि इस संकट के ख़त्म होने की कोई सूरत नज़र नहीं आ रही है। असम में बड़ी संख्या में अल्पसंख्यक, चाहे वे धार्मिक हों, भाषायी या फिर जातीय, इस भय में जीते आ रहे हैं कि उन्हें कभी भी यह कहा जा सकता

है कि वे इस देश के नागरिक नहीं हैं। किसी भी समय उन्हें संदेहास्पद (डी) मतदाताओं के रूप में चिन्हित किया जा सकता है और उन्हें उनका मताधिकार इस्तेमाल करने से रोका जा सकता है। यहाँ तक कि एक स्थानीय सीमा पुलिस कॉन्स्टेबल फिर से उन पर किसी भी समय यह आरोप लगा सकता है कि वे विदेशी हैं और उनके मामले को किसी डिटेंशन सेंटर के सुपुर्द कर सकता है। अंतिम रजिस्टर जारी होने के बाद भी चयनित आधार पर पुनर्सत्यापन करने की कई सारी माँगें सामने आ रही हैं।

इस ट्रिब्यूनल की कार्यवाही के दौरान ज्यूरी ने एनआरसी की प्रक्रिया को पैदा करने और आगे बढ़ाने वाली परिस्थितियों और इस सारी क़वायद में सरकार और सुप्रीम कोर्ट की भूमिका के बारे में भी सुना। ट्रिब्यूनल ने केंद्र सरकार के प्रस्तावित नागरिकता संशोधन बिल के अलावा विदेशी पंचाट संशोधन आदेश, 2019 और एनआरसी व पंचाटों के देश भर में प्रस्तावित विस्तार के मसलों पर भी गौर किया।

ज्यूरी ने लाखों गरीब और निरक्षर लोगों पर डाल दिए गए बोझ के बारे में गवाहियाँ सुनीं :

- यह साबित करने का बोझ निवासियों पर डाल दिया गया कि वे यहाँ के नागरिक हैं।
- जन्म, स्कूली शिक्षा और भूमि के स्वामित्व से संबंधित दस्तावेज़ों को पेश करने पर ज़ोर दिया गया, जो कहीं भी गरीब व निरक्षर ग्रामीण निवासियों के लिए संभाल कर रखना और जुटाना मुश्किल होता है।
- अगर कहीं ये दस्तावेज़ पेश भी कर दिए गए तो अक्सर बंगाली नामों के अंग्रेज़ी हिज्जों या उम्र आदि के ब्यौरे में असंगतियों के कारण उन्हें अस्वीकार कर दिया गया।

पीपुल्स ट्रिब्यूनल ने यह तय किया कि वे अवैध घुसपैठ के दावों और

असम में एनआरसी की माँग की वैधानिकता संबंधी सवालों पर ध्यान केंद्रित नहीं करेंगे। हमारे लिए असम में विभिन्न स्थानीय व भाषायी पृष्ठभूमि के लोगों को ध्यानपूर्वक सुने बिना इन सवालों पर कोई भी फ़ैसला देना उचित नहीं होता।

ज्यूरी ने मुख्य रूप से चार सवालों पर निगाह डाली :

1. क्या एनआरसी की प्रक्रिया संविधान के अनुरूप संचालित की गई?

- एनआरसी की प्रक्रिया को दो हिस्सों में बांटा जा सकता है। पहला है, सर्बानंद सोनोवाल बनाम यूनियन ऑफ़ इंडिया मामले में सुप्रीम कोर्ट का फ़ैसला, और दूसरा है 2013-2019 के बीच एनआरसी की प्रक्रिया की 'निगरानी' करने में सुप्रीम कोर्ट की भूमिका। दोनों ही चरण महत्वपूर्ण संवैधानिक चिंताओं को उठाते हैं।
- सर्बानंद सोनोवाल बनाम यूनियन ऑफ़ इंडिया मामले में, सुप्रीम कोर्ट ने असत्यापित – और अब गलत साबित हो चुके – आँकड़ों पर भरोसा करके इस बात को सही ठहराने की कोशिश की कि घुसपैठ एक तरह से भारत पर 'बाहरी हमला' है। उसने संविधान के अनुच्छेद 355 का इस्तेमाल करके उस क़ानून को खारिज कर दिया जिसमें किसी विदेशी के मामले में साबित करने का बोझ राज्य पर डाल दिया **होता**। इस तरह कोर्ट ने एक संवैधानिक अनिवार्यता स्थापित कर दी जिसमें साबित करने का बोझ हमेशा उस व्यक्ति पर रहेगा जिस पर विदेशी होने का आरोप लगा है।
- दूसरे चरण में भी कई गंभीर संवैधानिक मुद्दे उठे। इनमें शामिल थे :
  - एनआरसी के तहत वंश स्थापित (वंश वृक्ष) करने के तरीकों के निर्धारण में सीलबंद कवर का व्यापक इस्तेमाल।
  - एक प्रशासनिक प्रक्रिया, जैसे कि एनआरसी की सूची तैयार करने, को कोर्ट द्वारा अपने हाथ में ले लेना। जब कोर्ट ऐसी प्रक्रियाओं का

'प्रभार संभाल लेता' है तो शिकायत निवारण की व्यवस्था ही एक तरह से छीन ली जाती है।

- विदेशी पंचाटों का गठन गृह मंत्रालय ने एक कार्यकारी आदेश के ज़रिए किया था। तब से असम सीमा पुलिस बल और चुनाव आयोग द्वारा विदेशी पंचाटों को भेजे गए मामलों का निपटारा मनमाने तरीक़े से हो रहा है। ये सारे मामले बिना किसी जाँच और बग़ैर किसी आधार के पंचाटों को भेज दिए जा रहे हैं। सत्यापन फ़ॉर्म अक्सर ख़ाली रहते थे और उन पर केवल नाम व पता लिखा रहता था। कोई आधार पेश नहीं किया जाता था।
- पंचाट भी स्वतंत्र रूप से काम नहीं कर रहे थे और वे कार्यपालिका के दबाव से क़तई मुक्त नहीं थे। पंचाट के सदस्यों का कार्यकाल व वेतन सरकार द्वारा निर्धारित किया जाता है, जिससे वे नियुक्त करने वाले अधिकारी की निगरानी व नियंत्रण में रहते हैं। फिर, पंचाटों द्वारा तय किए जाने वाले दो-तिहाई मामलों में एकपक्षीय आदेश से फ़ैसला हो जाता है, और अक्सर विदेशी पंचाट द्वारा संदिग्ध व्यक्तियों को भेजे जाने वाले नोटिसों में मुख्य आधार का तो ज़िक्र ही नहीं किया जाता।

2. संवैधानिक प्रक्रियाओं और नैतिकता को सर्वोपरि रखने में न्यायपालिका की क्या भूमिका रही है?

- सर्बानंद सोनोवाल मामले में फ़ैसले ने ग़लत तरीक़े से प्रवासन को 'बाहरी आक्रमण' या हमले के समतुल्य मान लिया, जो प्रभावी तौर पर प्रवासियों को अमानवीय रूप दे देता है और निजी आज़ादी व गरिमा के उनके अधिकारों का हनन करता है। लिहाज़ा बाहरी हमला और आंतरिक अशांति एक स्थायी कथानक बन गया, जो विदेशी क़ानून के तहत आगे की सारी कार्यवाहियों को प्रभावित करने लगा।

- न्यायिक आदेशों में डिटेंशन कैंपों से रिहाई के लिए बड़ी मुश्किल शर्तें रख दी गईं – जिन्हें हाशिए के और कमज़ोर लोगों द्वारा पूरा कर पाना नामुमकिन है।
- इस सारी क़वायद की व्यापकता के बावजूद समय सीमा रखे जाने के न्यायपालिका के ज़ोर ने इस प्रक्रिया और उसमें शामिल लोगों, सब पर ख़ासा दबाव डाल दिया है।

3. इससे किस तरह के मानवीय संकट सामने आए?

- **ऐतिहासिक, राजनीतिक व सामाजिक जटिलताएं :** भाषायी व सांस्कृतिक सुरक्षा की असमिया लोगों की ज़रूरत को उस मानवीय त्रासदी के बरक्स खड़ा कर दिया गया है जो पिछले दो दशकों से सामने आई है। ज्यूरी असम के लोगों की चिंता से पूरी तरह इत्तेफ़ाक़ रखती है लेकिन उसके बदले जो मानवीय क़ीमत चुकानी पड़ी रही है, उसे न्यायोचित ठहराया जाना मुश्किल है।
- **निरंतर व्यग्रता :** बड़ी संख्या में लोगों को अपनी नागरिकता का प्रमाण देने के लिए कई-कई बार दूर-दराज की जगहों में सत्यापन अधिकारियों के सामने पेश होने के लिए कहा गया। ज़्यादातर मामलों में सत्यापन का काम गृह ज़िलों से बाहर किया गया। ख़ास तौर पर चर जैसे नदी द्वीप इलाकों में रहने वाले लोगों को सबसे ज़्यादा तकलीफ़ का सामना करना पड़ा।
- **आत्महत्या :** एनआरसी से बाहर रखे जाने, विदेशी घोषित कर दिए जाने और अंततः डिटेंशन सेंटर में भेज दिए जाने के भय ने संकटग्रस्त समुदायों, ख़ास तौर पर बंगाली मूल के असमिया मुसलमानों और असम राज्य में रह रहे बंगाली हिंदुओं के मन में एक स्थायी उन्माद की

स्थिति पैदा कर दी है। इस भय के कारण लोगों में जो व्यग्रता उत्पन्न हो रही है, उससे कई लोग आत्महत्या तक कर रहे हैं।

- **कमज़ोर तबकों पर ग़ैर-आनुपातिक बोझ :** इस सारी प्रक्रिया में महिलाओं व बच्चों को सबसे ज़्यादा तकलीफ़ उठानी पड़ रही है। चूँकि इस सारे इलाक़े में कम उम्र में शादी होना एक आम बात है, इसलिए महिलाएँ विवाह के बाद ही मतदाता बनती हैं। उनके दस्तावेज़ों पर उनके पतियों के नाम होते हैं और उससे उनकी वंशावली स्थापित होने में मदद नहीं मिलती। ज़्यादातर मामलों में महिलाओं के पास ज़मीन, जन्म या स्कूल से संबंधित दस्तावेज़ नहीं होते। मनमाने तरीक़े से विदेशी घोषित करके असम राज्य में फैले डिटेंशन केंद्रों में हिरासत में रखी गई महिलाएँ ग़ैर-आनुपातिक रूप से तकलीफ़ों का शिकार हो रही हैं। नागरिकता गँवाने के साथ-साथ, इससे गरिमा, निजता व निजी स्वास्थ्य के उनके अधिकारों का भी हनन हो रहा है।
- **रोज़ी-रोटी का नुकसान :** बड़ी संख्या में गरीब व साधनहीन प्रवासी, असम के बाहर के मज़दूर, निर्माण स्थलों में मज़दूर के रूप में और घरेलू सहायकों के रूप में काम कर रहे हैं या फिर विभिन्न शहरों में कूड़ा बीनने के काम में लगे हैं। चूँकि उन्हें एनआरसी की प्रक्रिया के लिए लौटना पड़ा और फिर उन्हें यह सारी मनमानी प्रक्रिया भी झेलनी पड़ी, तो इससे उनकी रोज़ी-रोटी पर प्रतिकूल प्रभाव पड़ा।
- **बाल अधिकारों का उल्लंघन :** एनआरसी की प्रक्रिया ने बच्चों की देखरेख पर ख़ासा असर डाला है। कई मामलों में अकेली माँओं या फिर बहुपत्नी की प्रथा की शिकार महिलाओं से पैदा हुए बच्चों का पारिवारिक वृक्ष में उल्लेख ही नहीं किया गया। इसके चलते ज़्यादातर मामलों में उन्हें अंतिम एनआरसी से बाहर रख दिया गया और वे डिटेंशन के ख़तरे झेलने लगे।

4. एनआरसी का बाक़ी पूरे देश में विस्तार किए जाने के निहितार्थ

- केंद्र सरकार ने दो अधिसूचनाएं जारी की हैं, और दोनों में आम लोगों की तकलीफ़ों को और अधिक बढ़ाने की पूरी ताक़त है। गृह मंत्रालय ने 30 मई 2019 को एक आदेश जारी करके विदेशी पंचाटों की स्थापना करने के अधिकार का विकेंद्रीकरण कर दिया। इस आदेश से पहले केवल केंद्र सरकार ही उन पंचाटों का गठन कर सकती थी जो विदेशी (ट्रिब्यूनल) आदेश, 1964 के तहत व्यक्तियों की नागरिकता का निर्धारण करने का न्यायधिकार रखते थे। लेकिन 30 मई के बाद राज्य सरकार, केंद्र शासित क्षेत्र प्रशासन, ज़िला कलेक्टर या मजिस्ट्रेट तक को यह अधिकार दे दिया गया। इस तरह इस आदेश में सरकार के विभिन्न स्तरों को इस बात की इजाज़त दे दी गई कि वे देश के कोने-कोने में इस तरह के पंचाट स्थापित कर सकें। यह आदेश न केवल सामाजिक विद्वेष खड़ा कर सकता है बल्कि भारत की संवैधानिक व्यवस्थाओं में भी हेरफेर कर सकता है। इसके अलावा, संसद में यह आदेश बिना किसी सार्वजनिक बहस और चर्चा के जारी कर दिया गया।
- फिर, 31 जुलाई 2019 को जारी की गई दूसरी अधिसूचना में, केंद्र सरकार ने भारत के महापंजीयक (रजिस्ट्रार जनरल ऑफ़ इंडिया – आरजीआई) को अप्रैल से सितंबर 2020 तक 'राष्ट्रीय जनसंख्या रजिस्टर' (एनपीआर) को अपडेट करने का निर्देश दिया। नागरिकता (नागरिकों का पंजीकरण और राष्ट्रीय पहचान पत्र जारी करना) नियम, 2003 के तहत एनपीआर को परिभाषित करते हुए कहा गया है कि इस 'रजिस्टर में उन व्यक्तियों का विवरण होगा जो आम तौर पर किसी गाँव या ग्रामीण क्षेत्र या शहर या वार्ड या ... किसी शहर

अथवा शहरी क्षेत्र में किसी वार्ड के दरम्यान स्थित किसी निर्दिष्ट इलाक़े में रहते हैं।'

- इन दोनों में से किसी भी अधिसूचना से औपचारिक रूप से समूचे भारत में एनआरसी की शुरुआत नहीं होती। लेकिन ये ऐसी किसी भी क़वायद के लिए एक ज़मीन बेशक तैयार कर देती हैं।
- एनपीआर की अधिसूचना को अन्य कानूनी प्रावधानों और उनके दुरुपयोग की आशंकाओं के संदर्भ में देखा जाना चाहिए। उसकी तीन चरणों की प्रक्रिया से संवेदनशील व असुरक्षित जानकारी के संग्रहण और रख-रखाव की इजाज़त मिल जाती है, और फिर कमज़ोर व्यक्तियों व समूहों के ख़िलाफ़ उसका इस्तेमाल करने की आशंका बन जाती है। राष्ट्रीय जनसंख्या रजिस्टर निजता के अधिकार का भी उल्लंघन करता है।

कुल मिलाकर कहा जाए तो ज्यूरी इस बात पर ज़ोर देना चाहेगी कि असम के संदर्भ में – साथ ही साथ समूचे देश के भी संदर्भ में – अधिकारों के होने के अधिकार के रूप में, नागरिकता, आधुनिक समाजों में सबसे बुनियादी, मौलिक मानव अधिकार है।

यह 7-8 सितंबर 2019 को इंडियन सोसाइटी ऑफ़ इंटरनेशनल लॉ, नई दिल्ली में आयोजित की गई जन सुनवाई के लिए सेंटर फ़ॉर इक्विटी स्टडीज़ द्वारा तैयार किए गए पृष्ठभूमि पत्र का अनुवाद है।

9.

एनआरसी से बाहर छोड़ दिए गए लोगों का अब क्या होगा?

तीस्ता सेतलवाड़

नागरिकता रजिस्टर का निर्माण एक ऐसी क़वायद है जिसका हासिल अभी तक भविष्य की गर्त में है। जो लोग अपनी तमाम कोशिशों के बावजूद अपनी 'वास्तविक भारतीय नागरिकता' साबित नहीं कर पाएँगे, उनका क्या होगा? इसके बारे में कोई स्पष्टता नहीं है। यह लेख इस समस्या की हर परत उधेड़ता है और सुप्रीम कोर्ट के उन फ़ैसलों की याद दिलाता है जहाँ ग़ैर-नागरिकों में भी, नागरिकों की तरह ही किसी भी तरह के शोषण से मुक्त, गरिमापूर्ण जीवन के मौलिक अधिकार की पात्रता देखी गई थी।

एनआरसी की प्रक्रिया बहुत जटिल है और इसे समझना आसान नहीं। फ़िलहाल, यह असम में ही लागू है। बाहरी लोगों के वास्तविक या काल्पनिक ख़तरे से संचालित वहाँ की राजनीति हमेशा हमलों, तनाव और हिंसा से ग्रस्त रही है। कई सालों की अशांति के बाद हुए असम समझौते के परिणामस्वरूप यह एक आम सहमति से तय हुई प्रक्रिया थी।

अब 41 साल बाद, हम एक काफ़ी बदले हुए भारत में हैं, जहाँ एक धुर-दक्षिणपंथी सरकार राजनीतिक काठी पर तगड़ी जमी हुई है और उसने

राजनीतिक बहस को बड़ी चालाकी के साथ मोड़ दिया है, जिसमें बाहरी के मायने अब 'विदेशी' और 'घुसपैठिए' में तब्दील हो गए हैं। इन्हीं अजीबोग़रीब और ज़ाहिराना तौर पर संकुचित पूर्वशर्तों को ध्यान में रखते हुए यह समझने की कोशिश करनी होगी कि क्यों व कैसे एक 'स्वतंत्र व निष्पक्ष' एनआरसी प्रक्रिया के इर्द-गिर्द एक व्यापक आम सहमति विकसित हो गई। 'वास्तविक भारतीय नागरिक' जैसे शब्द अब असम के भीतर व्यापक मानवीय संवाद का अभिन्न हिस्सा हो गए हैं।

2009 से नेशनल रजिस्टर ऑफ़ सिटीज़न्स (एनआरसी) को अंतिम रूप देने की प्रक्रिया की सुप्रीम कोर्ट नज़दीकी निगरानी कर रहा है। यह काम सक्रिय रूप से 2013 से शुरू हुआ। आज 31 अगस्त 2019 को, इसी निगरानी के तहत एनआरसी के समन्वयक ने अंतिम सूची जारी कर दी है। ऐसे में अब, सूची से बाहर रख दिए गए 19,06,657 व्यक्तियों के लिए आगे का रास्ता क्या है? आने वाले दिनों में उन्हें क्या तकलीफ़ें झेलनी पड़ेंगी और आख़िरकार उनकी नियति क्या है?

बीती 23 जुलाई 2019 को एक सुनवाई के दौरान कोर्ट की निगरानी में चल रही इस प्रक्रिया को 'सुझावों' के लिए जमीन पर काम कर रहे संगठनों के लिए खोल दिया गया। कोर्ट ने अपने विवेक का इस्तेमाल करते हुए एनआरसी के समन्वयक प्रतीक हजेला के त्रुटिपूर्ण निष्कर्ष में कोई दख़ल नहीं दिया। एक गहरे समस्यापूर्ण आदेश में उन्होंने यह सुझाव दिया था कि 30 जून 1987 से पहले भारत में जन्मे उन अनगिनत लोगों को इस आधार पर सूची से बाहर रखा जाए क्योंकि उनके माता-पिता में से कोई एक या तो 'संदिग्ध मतदाता' (डीवी) या फिर 'घोषित विदेशी' (डीएफ) है या फिर 'नागरिकता के लिए उसका दावा विदेशी पंचाट (पीएफ़टी) के सामने लंबित है।' यह आदेश भारतीय नागरिकता क़ानून, 1955 के अनुच्छेद 3 (1) का स्पष्ट उल्लंघन है।

ये वो लोग हैं जो दशकों से इस देश में रह रहे हैं, और अब एक गहरी त्रुटिपूर्ण प्रक्रिया के कारण बेवतन घोषित कर दिए जाने का ख़तरा झेल रहे हैं।

नागरिकता क़ानून, 1955 का अनुच्छेद 3 (1), (ए) यह कहता है कि गणतंत्र दिवस 1950 और 30 जून 1987 के बीच भारत में जन्मा हर व्यक्ति जन्म से भारत का नागरिक माना जाएगा, फिर भी पहले समन्वयक और फिर सुप्रीम कोर्ट तक ने यह आदेश दे दिया कि अनुच्छेद 3 का अस्तित्व होते हुए वे ऐसे व्यक्तियों को 'बाहर' कर देंगे। (इस तरह, इस श्रेणी यानी 1950-1987 के बीच पैदा हुए लाखों लोगों को आज सूची से बाहर कर दिया गया है, महज़ इसलिए क्योंकि उनके माता-पिता में से कोई एक या तो 'संदिग्ध मतदाता', 'घोषित विदेशी' है या फिर नागरिकता के लिए उसका दावा विदेशी पंचाट के सामने लंबित है। सुप्रीम कोर्ट ने यह आदेश 13 अगस्त को दिया था। अब इस मसले को अंतिम रूप से एक संविधान पीठ द्वारा सुना जाएगा।) शुरुआती रिपोर्टों में यह सामने आया है कि सूची से बाहर रखे गए लोगों में से क़रीब 40 से 60 फ़ीसदी इस श्रेणी से हैं जिनके लिए सुप्रीम कोर्ट ने अपने ताज़ा निर्देश में एक तरह से मौत का फ़रमान लिख दिया है।

अपीलें

एनआरसी से बाहर रखे गए सभी 19 लाख लोगों को अब ऐसे व्यक्तियों के लिए गठित किए गए विदेशी पंचाट के सामने 120 दिन की निर्धारित अवधि के भीतर अपील दाख़िल करनी होगी। यह अपील दाख़िल करने के लिए भी हर व्यक्ति के पास उसके द्वारा एनआरसी को जमा कराए गए दस्तावेजों की सूची और एनआरसी से बाहर रखे जाने संबंधी आदेश की प्रमाणित प्रति उपलब्ध होनी चाहिए। लेकिन क्या 120 दिन की यह समय सीमा उस व्यक्ति द्वारा इन दस्तावेज़ों को हासिल करने के बाद शुरू होगी, जैसा कि होना चाहिए? इस बारे में अभी स्पष्टीकरणों का इंतज़ार है।

इसी तरह, अपीलों को दाख़िल करने की बाक़ी औपचारिकताओं और छोटी-मोटी बातों के ब्यौरे का भी फ़िलहाल इंतज़ार है। विशेष चिंता का मुद्दा

होगा न्यायाधिकार के क्षेत्र का। ध्यान इस बात पर देना होगा कि एनआरसी से बाहर रखे गए पीड़ित व्यक्ति का न्यायाधिकार क्षेत्र किस ज़िले में होगा और उसे किस विदेशी पंचाट के सामने अपनी अपील दाख़िल करनी होगी। एनआरसी की प्रक्रिया और दावों व सुधार की प्रक्रिया के ज़रिए आबादी के हाशिए के तबके और निरक्षर लोगों को अमानवीय रूप से प्रक्रियागत तकलीफ़ों का शिकार होना पड़ा है। इसकी एक बानगी अपनी जगहों से 200-400 किलोमीटर दूर नागरिक सेवा केंद्रों में लोगों को भेजा जाना है। सुप्रीम कोर्ट को बार-बार की गई शिकायतों के बाद, कहीं जाकर यह मसला कुछ हद तक 10 अप्रैल 2019 को दिए गए आदेश के ज़रिए हल हुआ। हालाँकि, पुनर्सत्यापन की प्रक्रिया के दौरान भी यह यातना बनी रही।

असम में पहले ही इस बात को लेकर लोगों में काफ़ी चर्चा है कि राज्य में दूरियों को देखते हुए विदेशी पंचाटों की जगह कितनी विकेंद्रित होगी। राज्य सरकार पहले ही लुके-छिपे तरीक़े से इस प्रक्रिया को केंद्रीकृत करने की कोशिश कर रही है और इन पंचाटों को राज्य के 'छह ज़ोन इलाक़ों' में स्थापित करने जा रही है। बाहर रखे गए लोगों की न्याय तक पहुँच में यह सारे मसले काफ़ी महत्वपूर्ण रहेंगे।

पृष्ठभूमि

इस मानवीय त्रासदी की पृष्ठभूमि बहुत जटिल है। असम में, एनआरसी की प्रक्रिया के अलावा 1990 के दशक के बीच के सालों में भारतीय निर्वाचन आयोग द्वारा 'डी' मतदाता प्रक्रिया भी शुरू की गई थी। 1997 में 3 लाख से ज़्यादा लोगों को रातोंरात 'संदिग्ध मतदाता' के रूप में चिन्हित कर दिया गया था और उसके लिए तो पहले किसी तरह की जाँच किए जाने का दिखावा तक नहीं किया गया। यह सुप्रीम कोर्ट और गुवाहाटी हाई कोर्ट, दोनों के फ़ैसलों का उल्लंघन था, ख़ास तौर पर सरबानंद सोनोवाल, 2007 और मोसलेम मंडल,

2012 के मामलों में, जिनमें किसी भी व्यक्ति को इस तरह के किसी नोटिस देने की पूर्वशर्त के तौर पर निष्पक्ष जाँच किए जाने पर ज़ोर दिया गया था। बाद के सालों में कई और 'डी मतदाता' सूची में जोड़ दिए गए। एक अध्ययन से यह बात सामने आई कि इन 'संदिग्ध मतदाताओं' में बहुसंख्यक महिलाएँ थीं, और कुछ तो नव-ब्याहता। उनमें से कुछ आगे जाकर अपनी नागरिकता साबित करने में कामयाब हो गईं लेकिन कुछ नहीं हो पाईं। हालाँकि 'संदिग्ध मतदाताओं' के रूप में चिन्हित कई लोग ऐसे भी हैं जो अभी तक मताधिकार से वंचित हैं और आज तक उन्हें विदेशी पंचाट से अपनी नागरिकता साबित करने के लिए कोई नोटिस नहीं मिला है। ऐसे लोगों की संतानों को 13 अगस्त 2019 के सुप्रीम कोर्ट के आदेश के चलते (और प्रत्यक्षतया नागरिकता क़ानून, 1955 के अनुच्छेद 3 (1), (ए) का उल्लंघन करते हुए) अब अंतिम एनआरसी सूची से बाहर रखा गया है।

आगे क्या?

जैसा कि मैंने पहले कहा है, एनआरसी सूची से बाहर रखे गए सभी लोगों को विदेशी पंचाटों के सामने पेश होना होता है। ऐसे पंचाट पहले से बने हुए हैं और वे उन लोगों के मामलों को देखते हैं जिन्हें या तो (निर्वाचन आयोग द्वारा) 'डी' मतदाता घोषित किया गया है या फिर उनके, जिन्हें 'संदिग्ध विदेशी' मानकर उनके मामलों को असम सीमा पुलिस ने संदर्भ के लिए भेजा हुआ है। हमने बताया था कि 19 जुलाई 2019 को एक अतारांकित प्रश्न संख्या 3804 के जवाब में, गृह मामलों के राज्य मंत्री ने संसद के पटल पर कहा था कि इस साल 31 मार्च तक पंचाट ने 1.17 लाख लोगों को विदेशी घोषित किया है, जिनमें से 63,959 लोगों को एकपक्षीय आदेश में विदेशी घोषित किया गया है। जिन लोगों ने मामले को चुनौती दी, उन्होंने यह दावा किया कि वे भारतीय हैं। लेकिन अक्सर लोगों को दस्तावेज़ों में दर्ज नाम, उम्र व निवास स्थान में हल्की सी भी

ग़लती या अंतर के लिए विदेशी घोषित कर दिया जाता है। किसी बयान में विरोधाभास या साक्ष्य क़ानून के तहत दस्तावेज़ न जमा कराने पर भी उनकी नागरिकता छिन जाने का ख़तरा रहता है।

यह देखते हुए कि इसमें कितने इंसानी हित शामिल हैं और किस कदर ताक़त का संतुलन हाशिए और निरक्षर लोगों के ख़िलाफ़ है, यह महत्वपूर्ण है कि ये पंचाट पारदर्शी तरीक़े से काम करें, वे अपीलों व साक्ष्यों को स्वीकार करने के लिए स्वीकार्य, मानक प्रक्रियाओं को अपनाएँ, और उनके कामकाज में ख़ालिस मनमानेपूर्ण काम की मौजूदा शिकायतों का निवारण करें। खुली, स्वस्थ्य व न्यायपूर्ण सुनवाई क़ानून के शासन के तहत रहने वाले हर नागरिक को बुनियादी गारंटी देती है, साथ ही यह संविधान के अनुच्छेद 21 के तहत हर नागरिक को दिया गया बुनियादी अधिकार भी है। इन बुनियादी अधिकारों को लेकर भारत की प्रतिबद्धता विदेशी पंचाट के सामने मौजूद हर मामले में एक बार फिर से परखी जाएगी क्योंकि नागरिकता एक बुनियादी अधिकार है और किसी को मनमाने तरीक़े से 'ग़ैर-भारतीय' घोषित करना किसी व्यक्ति की 'नागरिक मौत' के समतुल्य है।

पहले बहिष्कार, फिर हिरासत और फिर निष्कासन?

इस साल जुलाई में सीजेपी ने काफ़ी परेशान करने वाला एक काम हाथ में लिया। हमने असम में नागरिकता और एनआरसी से जुड़ी मौतों की सूची तैयार की। ऐसे 60 लोग थे जिनकी जानें गईं और जिनकी मौत नागरिकता से जुड़े मामलों से संबद्ध थीं। आज यह संख्या और ज़्यादा हो चुकी है। सूची प्रकाशित होने से काफ़ी पहले और महज़ इस अफ़वाह की वजह से कि उनका नाम शायद सूची में शामिल नहीं है, आज सुबह क़रीब 8 बजे सायरा बेगम ने कुएँ में कूदकर जान दे दी। विडंबना है कि उनका नाम सूची में शामिल था। बाक़ी लोगों में से कई ने एनआरसी से जुड़ी हताशा, उत्तेजना और लाचारी के कारण आत्महत्या कर

ली तो कुछ लोगों ने बर्बर हिरासती केंद्रों (डिटेंशन सेंटर) के डर से अपनी जान ले ली।

हालाँकि, अंतिम एनआरसी से बाहर रख दिए गए लोगों को तुरंत प्रभाव से हिरासत में नहीं लिया जाएगा, लेकिन उनके सिर पर इसकी तलवार तो हमेशा लटकती रहेगी। एक पंचाट द्वारा 'विदेशी' घोषित कर दिए जाने के बाद उस व्यक्ति को आगे चलकर देश से बाहर निकाल दिए जाने के इरादे से कैंपों में हिरासत में रखा जा सकता है। हालाँकि इन पंचाटों के मनमाने व तदर्थ कामकाज को लेकर काफ़ी बात हो चुकी है। समूचे असम में छह डिटेंशन केंद्रों में पहले ही क़रीब 1,100 हिरासती रखे जा चुके हैं। वहाँ की भयावह स्थितियों की ख़बरें भी काफ़ी आ चुकी हैं। फ़िलहाल असम में छह डिटेंशन केंद्र हैं। ये केंद्र गोलपाड़ा, कोकराझार, सिलचर, जोरहाट, तेज़पुर और डिब्रुगढ़ में जेल परिसरों में ही स्थित अस्थायी ढाँचे में चल रहे हैं। ख़बरें आ रही हैं कि राज्य के अन्य हिस्सों में भी नए केंद्र बनाए जाने की योजना चल रही है।

सरकार ने इन शिविरों में 2013 से लेकर अब तक 25 मौतों की बात स्वीकार की है। हमारी फ़िल्म *बिहाइंड शैडोज़ : टेल्स ऑफ़ इनजस्टिस फ्रॉम असम्स डिटेंशन कैंप्स* में इस स्थिति का दिल दहलाने वाला वर्णन किया गया है और ये भी दिखाया गया है कि कैसे डिटेंशन के भय ने महिलाओं व पुरुषों को भयानक हताशा और यहाँ तक कि मौत की तरफ़ धकेल दिया है। पिछले ही साल, 10 मई 2018 को सुप्रीम कोर्ट ने उन लोगों को रिहा करने का आदेश दिया था जिन्होंने हिरासत में तीन साल पूरे कर लिए हैं। एक तरफ़ तो इस आदेश ने बेमियादी तौर पर हिरासत में डाले रखने की यातना को ख़त्म किया है, लेकिन मनमाने तरीक़े से शुरू के तीन साल हिरासत में रखे जाने पर तो सवाल उसी तरह क़ायम हैं।

देश निकाले के विवादास्पद मुद्दे पर अब भी कोई स्पष्टता नहीं है। सुप्रीम कोर्ट में चल रहे इससे संबंधित मामलों पर दाख़िल किए गए एक हलफ़नामे में

असम सरकार ने फ़रवरी 2019 में इस बात को स्वीकार किया है कि 2013 के बाद से केवल चार घोषित विदेशियों को देश से निष्कासित किया गया है। ढाका की हाल की एक यात्रा के दौरान विदेश मंत्री एस.जयशंकर ने कहा भी था कि एनआरसी भारत की आंतरिक समस्या है। आज तक भारत ने 'घोषित विदेशियों' को देश से निकालने के बारे में बांग्लादेश से कोई बात नहीं की है।

इन अस्पष्ट राजनीतिक परिस्थितियों में क्या केवल बेमियादी तौर पर हिरासत में रखना ही एकमात्र विकल्प बचता है? हालाँकि 'विदेशी' घोषित किए गए व्यक्ति के पास ऊँची अदालतों के सामने अपील करने का अधिकार है, लेकिन वह भी तो एक अत्यंत जटिल और खर्चीली प्रक्रिया है। हिरासत में रखे गए व्यक्ति को एक गरिमापूर्ण जीवन से वंचित कर दिया जाता है और कई मामलों में एक गरिमापूर्ण मौत से भी।

अब कम से कम 15 लाख मामलों को विदेशी पंचाटों द्वारा सुना जाएगा (3,70,000 लोगों ने एनआरसी के सामने रजिस्ट्रेशन के लिए अर्ज़ी नहीं दी)। यह संख्या काफ़ी ज़्यादा है और इसके लिए 120 दिन की समय सीमा उपयुक्त नहीं है, उसे बढ़ाए जाने की ज़रूरत है। सबसे ज़्यादा ज़रूरी तो यह है कि इन व्यक्तियों की स्थिति को लेकर थोड़ी स्पष्टता और प्रतिबद्धता हो। इन लोगों को एक लंबी क़ानूनी प्रक्रिया से गुज़रना होगा – शुरुआती दौर में तो अपनी अपीलों के ज़रिए विदेशी पंचाटों में और फिर संभवतया ज़रूरत पड़ने पर आगे की सुनवाइयों के लिए हाई कोर्ट और सुप्रीम कोर्ट तक में भी।

क्या राज्य इस बात को सुनिश्चित करेगा कि इन लोगों के बुनियादी अधिकार उनके पास सुरक्षित रहें? मीडिया की निगहबानी ख़त्म हो जाने के बाद क्या राजनीतिक फ़ायदे के लिए इन लोगों से ये अधिकार छीन नहीं लिए जाएँगे?

बेवतन कर दिए जाने का भय लोगों को भयभीत कर दे रहा है। किसी शासन द्वारा नागरिकता के अधिकार से वंचित कर दिए जाने के बाद ये बेवतन लोग ख़ास तौर पर उत्पीड़न का शिकार हो सकते हैं। रोहिंग्याओं के मामले में हम

यह पहले ही देख चुके हैं। भारत ने उन अंतर्राष्ट्रीय घोषणाओं पर भी दस्तख़त नहीं किए हैं जो दस्तख़त करने वाले देशों को मानकों व प्रक्रियाओं को लेकर बाध्य करते हैं, जैसे कि बेवतन लोगों की स्थिति पर 1954 की संधि, या बेवतनी को कम करने पर 1961 की संधि। हालाँकि, हाई कोर्ट के फ़ैसलों ने फ़िलहाल इस बात को पुख़्ता किया है कि संविधान के अनुच्छेद 14 व 21 भारत के नागरिकों और ग़ैर-नागरिकों, दोनों पर बराबर तरीक़े से लागू होते हैं।

इस बारे में दो फ़ैसलों का ख़ास तौर पर उल्लेख किया जा सकता है। एनएचआरसी बनाम अरुणाचल प्रदेश राज्य, 1996 के मामले में सुप्रीम कोर्ट ने कहा था कि अनुच्छेद 21 के तहत ग़ैर-नागरिकों को भी उतने ही अधिकार उपलब्ध हैं, जितने नागरिकों को और उन लोगों को भी जिनकी नागरिकता ज्ञात नहीं है। अन्यथा, बेवतनी लोगों के सामने शिक्षा, स्वास्थ्य, रोज़गार, संपत्ति ख़रीदने-बेचने, बैंक खाते खोलने और यहाँ तक कि विवाह करने जैसे तमाम बुनियादी अधिकारों की उपलब्धता से वंचित कर दिए जाने का ख़तरा रहेगा। साल 1981 में, फ्रांसिस कोरेलाई बनाम संघ शासित क्षेत्र दिल्ली प्रशासन के मामले में सुप्रीम कोर्ट ने कहा था कि यह हर व्यक्ति का मौलिक अधिकार है कि वह इस देश में किसी भी तरह के शोषण से मुक्त और इंसानी गरिमायुक्त जीवन व्यतीत कर सके।

हमारी संवैधानिक बुनियादें और अनुच्छेद 14 व 21 के तहत दी गई मौलिक आज़ादियाँ ही असम में एनआरसी व नागरिकता से संबंधित संकटों का समाधान करने के लिए अब से निर्देशक सिद्धांतों के तौर पर इस्तेमाल आनी चाहिए। राज्य के 15 लाख से ज़्यादा लोगों की शिकायतों के निवारण के लिए खड़ी की गई संस्थाओं और तय किए गए क़दमों को इसी इम्तिहान में खरा उतरना होगा। राज्य में जो एक प्रक्रिया आम सहमति से चल रही थी, उसमें पिछले चार साल से कुछ ज़्यादा वक़्त में उथल-पुथल, परेशानियाँ, तकलीफ़ें, और बदनीयती से लोगों को निशाने पर लेने जैसी बातें भर गई हैं। लोगों के

ज़ख़्मों को हरा किया जा रहा है। अब वक़्त इस बात का है कि आगे की प्रक्रिया सकारात्मक हो और वह लोगों की तकलीफ़ों पर मरहम लगाए।

सिटीज़न्स फ़ॉर जस्टिस एंड पीस, 31 अगस्त 2019

सिटीज़न्स फ़ॉर जस्टिस एंड पीस (सीजेपी) एक मानवाधिकार आंदोलन है। यह सभी भारतीयों की स्वतंत्रता और संवैधानिक अधिकारों को कायम रखने और उनका बचाव करने के लिए समर्पित है। सीजेपी सशक्त तरीक़े से मीडिया के छात्रों, कार्यकर्ताओं, क़ानूनी चिकित्सकों और शिक्षकों को तथ्यों को खोजने के मिशन में लाने और उनके निष्कर्षों को दस्तावेज़ बनाने के लिए विभिन्न कार्यशालाओं का आयोजन करता है। संवैधानिक मूल्यों के रक्षकों को सहायता प्रदान करने की आवश्यकता को ध्यान में रखते हुए सीजेपी ने व्यापक क़ानूनी और सामुदायिक संसाधनों को एक साथ रखा है, जो लिंग, जाति और बाल अधिकारों के मुद्दों को व्यापक रूप से संबोधित करते हैं।

10.

असम में एनआरसी : क्यों बन सकता है एक और कश्मीर

एजाज़ अशरफ़

असम में जो आंदोलन 'बाहरी' लोगों के ख़िलाफ़ था, उसके रुख़ को 'बांग्लादेशी मुसलमानों' के ख़िलाफ़ मोड़ना आरएसएस-भाजपा का एक बड़ा कारनामा है। इस कारनामे के कबाब में हड्डी बनकर आई एनआरसी की अंतिम सूची, जिससे बाहर रह जाने वाली आबादी में मुसलमानों के बनिस्पत हिंदुओं की संख्या ज़्यादा है। बंगाली हिंदुओं का रहनुमा बनने-दिखने के लिए जी-जान से जुटी आरएसएस-भाजपा के पास अब कौन-कौन-से विकल्प हैं?

असम में राष्ट्रीय नागरिक रजिस्टर (नेशनल रजिस्टर ऑफ़ सिटीज़न्स या एनआरसी) का काम पूरा होने के साथ ही राज्य से विदेशियों को निकालने के दशकों पुराने अभियान का समापन हो गया। फिर भी लगता नहीं कि 2021 तक ग़ैर-कानूनी रूप से बसे विदेशियों और एनआरसी, दोनों से जुड़ी राजनीति रुकने वाली है क्योंकि तब असम और बंगाल में विधानसभा चुनाव होंगे।

फ़िलहाल, लगभग 20 लाख लोग इस बात की ख़ुशी मनाएँगे कि उन्हें इसमें शामिल किया गया और अन्य 20 लाख इस बात से डरे रहेंगे कि भविष्य

में उनके साथ क्या होगा। ये 40 लाख लोग पिछले साल एनआरसी के मसौदे से बाहर कर दिए गए थे।

जिन्हें एनआरसी की अंतिम सूची से बाहर रखा गया है, उनके पास बस इतनी ही आस है कि 120 दिनों के भीतर ख़ुद को बाहर किए जाने के ख़िलाफ़ वे फ़ॉरेन ट्रिब्यूनल (एफ़टी) में अपील करें, यही फ़ैसला करेंगे कि कोई व्यक्ति भारतीय नागरिक है या नहीं। एफ़टी के फ़ैसलों के ख़िलाफ़ पहले उच्च न्यायालय और फिर सर्वोच्च न्यायालय में अपील की जा सकती है।

फिर भी सूची से निकाले गए लोग थका देने वाली क़ानूनी प्रक्रिया के लिए पैसे जुटाने की जद्दोजहद में ही लगे रहेंगे, हालाँकि असम सरकार ने इन्हें मदद देने का वायदा किया है। इनमें से ज़्यादातर लोग गरीब और अशिक्षित हैं और राज्यहीन होने के परिणामों से डर भी जाएँगे। अब तक एफ़टी द्वारा विदेशी घोषित हुए लोगों को डिटेंशन केंद्रों में डाल दिया गया है।

राज्य सरकार द्वारा सर्वोच्च न्यायालय में दाख़िल एक हलफ़नामे के मुताबिक़ 1985 से 2018 के दौरान एफ़टी ने 1,03,764 लोगों को विदेशी घोषित किया। केंद्रीय गृह राज्य मंत्री जी. के. रेड्डी के अनुसार इनमें से 63,000 से कुछ ज़्यादा लोग एकतरफ़ा फ़ैसलों में विदेशी घोषित किए गए थे। यानी अपनी नागरिकता से जुड़े मामलों की सुनवाई के दौरान ये लोग मौजूद ही नहीं थे।

जो विदेशी डिटेंशन केंद्रों में बंद हैं उन्हें बांग्लादेश भेजा जाना है, क्योंकि ऐसा माना जाता है कि वे वहीं से आए हैं। लेकिन ऐसा होना मुश्किल है, क्योंकि हाल ही में विदेश मंत्री एस. जयशंकर ने ढाका में यह आश्वासन दिया कि असम में नागरिकों और ग़ैर-नागरिकों की पहचान की प्रक्रिया भारत का अंदरूनी मामला है।

एनआरसी से जितनी बड़ी संख्या में लोगों को बाहर रखा गया है, उससे साफ़ ज़ाहिर है कि कोई भी सरकार ये सोच भी नहीं सकती कि ये सब डिटेंशन केंद्रों में अपने बाक़ी दिन काटें। इसी वजह से ऐसे उपाय सामने आ रहे हैं कि

इन्हें काम करने का परमिट दिया जाए, पर संपत्ति रखने और वोट करने का अधिकार नहीं।

इसमें कोई शक़ नहीं कि अपील के लिए दिए गए तीनों रास्तों के इस्तेमाल कर लिए जाने के बाद, सूची से बाहर रखे गए इन 20 लाख लोगों की संख्या में भी भारी कमी आएगी। इसके बाद उन लोगों को ख़ामोश हो जाना चाहिए जो असम में ग़ैर-कानूनी विदेशियों की भारी संख्या बताते रहे हैं।

एनआरसी ने असम में भारतीय जनता पार्टी (भाजपा) द्वारा चलाए गए उस अभियान को भी चुनौती दी जिसके तहत बांग्लादेशी प्रवासियों में सिर्फ़ मुसलमानों को ही निशाना बनाया गया। इसका शुरुआती विरोध बाहरी लोगों या उन भारतीय नागरिकों के लिए रहा जो राज्य की अर्थव्यवस्था को नियंत्रित करते थे। भाजपा की पैतृक संस्था आरएसएस ने आंदोलन को एक ख़तरनाक रुख़ देते हुए इसे बांग्लादेशी मुसलमानों के ख़िलाफ़ कर दिया।

रजत सेठी और शुभ्रस्था ने 2017 में छपी अपनी किताब द *लास्ट बैटल ऑफ़ सराइघाट : द स्टोरी ऑफ़ द बीजेपीज़ राइज़ इन द नार्थ-ईस्ट* में इसके सबूत दिए। द *लास्ट बैटल* का प्राक्कथन आरएसएस नेता राम माधव ने लिखा। किताब के मुताबिक़ शुभ्रस्था राम माधव के कार्यालय की क़रीबी और सेठी मणिपुर के मुख्यमंत्री एन. बीरेन सिंह की राजनीतिक सलाहकार हैं।

दोनों लेखकों ने आरएसएस को श्रेय दिया कि इसने विद्रोह को 'बहिर्घाट (बाहर वाले) विरोधी से विदेशी विरोधी आंदोलन बना दिया'। वे लिखते हैं, 'समय के साथ-साथ, (इसने लोगों की) भावनाओं को पहले बांग्लादेशी प्रवासियों और फिर बांग्लादेशी मुसलमानों के ख़िलाफ़ मोड़ दिया।'

उनका कहना है कि कई मीटिंगों के बाद आरएसएस ने यह निश्चित किया कि बांग्लादेशी हिंदू शरणार्थी थे और मुसलमान घुसपैठिए। उन्होंने लिखा, 'इसने (आरएसएस) असम में मुसलमान प्रवासियों के ख़िलाफ़ बहुत गंभीर दृष्टिकोण रखा, और साथ ही (इसके मुकाबले) हिंदू शरणार्थियों की रक्षा का चयनात्मक

विचार भी रखा।' यहाँ जिस 'गंभीर दृष्टिकोण' की बात हो रही है, उसका अर्थ है, मुसलमान को ग़ैर-कानूनी प्रवासियों के रूप में बदनाम करना।

भाजपा के विचारधारात्मक रुझान की वजह से उनके नेता एनआरसी को बकवास बताने पर मजबूर हैं। इससे सामने आए आँकड़ों ने मानो उन्हें डस लिया है, इन आँकड़ों से पता चला कि मुसलमानों के मुक़ाबले एनआरसी से बंगाली हिंदू ज़्यादा बाहर हैं। वे यह भूल गए थे कि असम की आबादी में मुसलमानों का प्रतिशत 2001 में 30.92 से 2011 में बढ़कर 34.22 होने के पीछे शायद शिशु दर का ऊँचा होना है, न कि बांग्लादेश से घुसपैठ। दशकों से राजनीतिक रूप से सताए जा रहे मुसलमानों ने अपनी भारतीय नगरिकता को साबित करने वाले दस्तावेज़ों को संभालने की कला सीख ली है। इसलिए तकनीक पर आधारित एनआरसी की प्रक्रिया में उनकी स्थिति बेहतर थी।

उनके मुक़ाबले इस मामले में बंगाली हिंदुओं ने इसकी अनदेखी की, क्योंकि उन्हें लगा कि भारतीय राज्य उन्हें कभी नहीं निकालेगा। वे हिंदू शरणार्थी हैं इसलिए उन्हें वापस नहीं भेजा जाएगा।

आज़ादी से ही बंगाली हिंदू आरएसएस के कड़े समर्थक रहे हैं, इसलिए यह नहीं हो सकता कि भाजपा उनका साथ छोड़ दे। पिछले छह सालों में भाजपा-आरएसएस ने ख़ुद को हिंदुओं के मसीहा के तौर पर पेश किया है। बंगाली हिंदुओं को मँझधार में छोड़ना उनके लिए बाक़ी देश में भी घातक साबित हो सकता है, ख़ास तौर से पश्चिम बंगाल में, जहाँ असम की ही तरह 2021 में विधानसभा चुनाव होंगे।

भाजपा के सामने सवाल है कि पार्टी असम में और बंगाल तथा अन्य राज्यों में अपने हितों के बीच तारतम्य कैसे बैठाए? भाजपा के सामने ऐसा करने के पाँच विकल्प हैं।

वह सुनिश्चित कर सकती है कि एफ़टी, जो मूलतः राज्य सरकार के कर्मचारियों की निगरानी में होते हैं, एनआरसी से बाहर हुए ज़्यादा से ज़्यादा

बंगाली हिंदुओं को भारतीय घोषित करे। यह संभावना असम के वित्त मंत्री हेमंता बिस्वा सरमा के हाल ही में दिए एक बयान से उभरी है, 'जो लोग (एनआरसी द्वारा) निकाले गए हैं, वे न तो भारतीय होंगे न ही विदेशी। यह सिर्फ़ ट्रिब्यूनल कह सकते हैं। अंतिम आँकड़ा ट्रिब्यूनलों (एफ़टी) द्वारा दिया जाएगा और हमें इसी ओर ध्यान केंद्रित करना है।'

भाजपा का दूसरा विकल्प हो सकता है कि एनआरसी से बाहर किए गए लोगों के विभिन्न वर्ग बनाने के उपायों की शुरुआत की जाए। एनआरसी की निगरानी भारत के मुख्य न्यायाधीश रंजन गोगोई की बेंच द्वारा की जा रही है और नवंबर में इनके सेवानिवृत्त होने के बाद ही दूसरे विकल्प की संभावना बन सकती है। सरमा ने हाल ही में कहा, 'हमने, दिसपुर और दिल्ली ने, ग़ैर-क़ानूनी विदेशियों को बाहर करने के दूसरे विकल्पों के बारे में सोचना शुरू कर दिया है।' इन 'दूसरे विकल्पों' से यह अर्थ लगाया जा रहा है कि बंगाली हिंदुओं को सहारा देकर मुसलमानों को निशाना बनाया जाएगा।

भाजपा का तीसरा विकल्प है कि नगरिकता संशोधन विधेयक को लागू करे, जिसके अनुसार 31 दिसंबर 2014 से पहले बांग्लादेश, अफ़गानिस्तान और पाकिस्तान से बिना वैध दस्तावेज़ों के भारत आए हिंदुओं, जैन, सिखों, बौद्धों, पारसियों और ईसाईयों को देश से निकाला नहीं जा सकता। इस परिभाषा में वे बंगाली हिंदू भी शामिल होंगे जो 25 मार्च 1971 से पहले भारत आए थे, एनआरसी अधिकारी विदेशियों की पहचान के लिए इसी तारीख़ को अंतिम मानकर प्रक्रिया पूरी कर रहे हैं।

लेकिन नगरिकता विधेयक के लागू होने से असमिया – हिंदू और मुसलमान दोनों – तथा बंगाली हिंदुओं के बीच दुराव बढ़ेगा, जैसा कि जनवरी में हुआ था, जब ख़बरें आई थीं कि नरेंद्र मोदी सरकार इसे क़ानून में तब्दील करने जा रही है। भाजपा इस खाई को छिपाने के लिए उच्च स्तरीय समिति का प्रयोग कर सकती है जो कि हाल ही में असम अकॉर्ड के अनुच्छेद 6 को लागू करने के लिए बनाई गई है।

22 अगस्त 2019 को इस उच्च स्तरीय समिति ने अख़बारों के ज़रिए जन अधिसूचना जारी कर लोगों से संसद, विधानसभा और स्थानीय निकायों में 'आदिवासी मूल निवासियों, असमिया मूल निवासियों और असम के अन्य मूल निवासियों के लिए सीटें आरक्षित करने के संबंध में प्रस्ताव माँगे।' इस अधिसूचना में इन लोगों के लिए सरकारी नौकरियों और सरकारी क्षेत्र के उपक्रमों में भी आरक्षण की बात कही गई और साथ ही दूसरे उपायों का भी ज़िक्र हुआ।

उच्च स्तरीय समिति की इन सिफ़ारिशों का असमिया लोगों के नगरिकता विधेयक के विरोध को कम करने के लिए इस्तेमाल किया जा सकता है। इसके उलट यह समिति मूल निवासियों के लिए कुछ लाभ दे सकती है, इससे असमिया लोगों के बंगाली हिंदुओं को छूट दिए जाने के ख़िलाफ़ एकजुट होने की संभावना को भी कम किया जा सकता है। 19वीं सदी से ही इनके बीच प्रतिस्पर्धा रही है।

भाजपा द्वारा बंगाली हिंदुओं की पैरवी करना कुछ अटपटा लगता है क्योंकि असम की आबादी में इनका हिस्सा सिर्फ़ 12 से 13% प्रतिशत है (यह आँकड़ा सेंटर फ़ॉर द स्टडी ऑफ़ डिवेलपिंग सोसाइटीज़ द्वारा करवाए गए चुनावी सर्वे पर आधारित अनुमान के मुताबिक़ है), जबकि इससे वृहद असमिया समुदायों के उनसे दूर चले जाने का ख़तरा है। इसकी एक वजह तो ये है कि असम विभिन्न समुदायों का एक जटिल मिश्रण है जहाँ हर समुदाय अपने हितों के लिए दूसरों से अलग दिशा में चलता है।

दूसरी वजह है कि वहाँ विपक्ष, जिसका प्रतिनिधित्व कांग्रेस करती है, बिखर चुका है। इसका संगठन लगभग मर चुका है और ऐसा माना जा रहा है कि आम जन में जो रोष मौजूद है, उसे ये चुनावी फ़ायदे में तब्दील नहीं कर सकती। यही कारण था कि चंद महीनों बाद ही भाजपा ने आम चुनावों में असम की 14 में से नौ सीटें हासिल कीं, हालाँकि उसके और कांग्रेस के बीच 1% से भी कम वोटों का फ़ासला था। 'फ़र्स्ट पास्ट द पोस्ट' व्यवस्था में विपक्ष की एकता, जीत और हार के निर्णय में बहुत अहम भूमिका अदा करती है।

इसके अलावा भी भाजपा के लिए 42 लोकसभा सीटों वाले पश्चिम बंगाल

की अहमियत असम से ज़्यादा है। भाजपा की चुनावी रणनीति यही रही है कि हिंदुत्व के नाम पर हिंदुओं को एकजुट कर बड़े राज्यों में जीत हासिल करे ताकि उसे केंद्र में बहुमत मिले। इसका हिंदुत्व का मुद्दा कमज़ोर हो जाएगा, अगर ऐसा लगे कि बंगाली हिंदुओं को भुलाया जा रहा है। इसलिए असम में चुनावी ख़तरा उठाकर अगर बाक़ी बड़े राज्यों में फ़ायदा हो रहा है तो भी ये ऐसा करने को राज़ी होंगे।

भाजपा का पाँचवा विकल्प होगा कि असम में भी वही किया जाए जो कश्मीर में हुआ यानी बंगाली संस्कृति के प्रभुत्व वाली असम की बराक घाटी को केंद्र शासित प्रदेश घोषित कर देना। बराक घाटी को अलग करने की माँग बीच-बीच में उठती रही है। असमिया लोगों के एक ख़ास वर्ग के लिए यह राहत देने वाली बात होगी, क्योंकि वे अपनी पहचान की शुद्धता को बचाए रखने के लिए आतुर हैं और इसके बाद उन्हें बंगालियों से कोई प्रतिस्पर्धा भी नहीं करनी पड़ेगी।

भाजपा को इससे कोई फ़र्क़ नहीं पड़ता कि असमिया लोग उद्वेलित हैं, क्योंकि वह तो फिर भी पश्चिम बंगाल और उत्तर भारत में हिंदू वोट बैंक के सामने अपनी पीठ ठोंक सकती है। ज़ाहिर सी बात है कि हम एनआरसी को लेकर गृह मंत्री अमित शाह के नए नज़रिए के इंतज़ार में हैं।

न्यूज़क्लिक, 1 सितंबर 2019

11.

एनआरसी के बाद ज़िंदगी : हिंदू राष्ट्र की कल्पनाओं को कैसे रोका जाए

अजय गुडावर्थी

हिंदू राष्ट्र किसी दिन अचानक साकार नहीं होगा। उसे बदलते क़ायदे-क़ानूनों से रोज़-ब-रोज़ आकार लेना है। एनआरसी ऐसा पहला बड़ा क़दम है जिसके साथ हिंदू राष्ट्र का विचार, संस्कृति और समाज में चल रही लामबंदी से आगे क़ानून के दायरे में पहुँच गया है।

भारत के दक्षिणपंथ ने नेशनल रजिस्टर ऑफ़ सिटीज़न्स (एनआरसी) के ज़रिए सांस्कृतिक लामबंदी को हिंदू राष्ट्र की तरफ़ ले जाने के लिए पहला क़दम उठा लिया है। एनआरसी केवल बंगाल या असम के लिए नहीं है। इसका ज़्यादा बड़ा फैलाव है। इसका लक्ष्य मुस्लिमों को दूसरे दर्जे का नागरिक बना देना है।

एनआरसी ने असम में 19 लाख लोगों को ग़ैर-क़ानूनी निवासी घोषित करवा दिया। अब उन्हें अपने दस्तावेज़ों के साथ 'विदेशी ट्रिब्यूनल' के सामने जाकर ख़ुद के बारे में अंतिम घोषणा करवानी होगी। हालाँकि साफ़ है कि एनआरसी ने मुस्लिमों से ज़्यादा हिंदुओं को बाहर किया है। यह बीजेपी के पक्ष

में नहीं है। उसके लिए एनआरसी एक ऐसा प्रोजेक्ट है, जिससे मुस्लिमों को घुसपैठिया घोषित करवाया जा सके।

अब हमें इंतज़ार करना है और देखना है कि बीजेपी इस नई वास्तविकता के साथ कैसे निपटती है और क्या इसका इस्तेमाल नागरिकता संशोधन विधेयक पर नई सहमति बनाने के लिए किया जाता है? इस बिल के ज़रिए सरकार मुस्लिमों को छोड़, कुछ पड़ोसी देशों से आए हिंदू, बौद्ध और जैन शरणार्थियों के लिए जगह बनाना चाहती है। इसलिए इस बात की संभावना कम ही है कि असम के परिणामों के बाद भी पूरे देश में इसे लागू करवाने के क़दम पर बीजेपी पीछे हटेगी। ख़ासकर उन जगहों पर जहाँ मुस्लिम बहुतायत में हैं। दक्षिणपंथी मुस्लिमों के विदेशी होने के अपने दावे को भारत में आम राय बनाना चाहते हैं। नागरिकता विधेयक के ज़रिए नागरिकता को धार्मिक पहचान से जोड़कर इसी विचार को पुख़्ता किया जा रहा है।

इसलिए एनआरसी सिर्फ़ 'बांग्लादेश' से आए मुस्लिमों के लिए नहीं है। विदेशी शरणार्थियों के मुद्दे पर प्रचार-प्रसार तो केवल इस मुद्दे पर होने वाली राजनीति की शुरूआत है। इसका आख़िरी लक्ष्य तो पूरे भारत में मुस्लिमों की नागरिकता पर सवालिया निशान लगा देना है। इसलिए एनआरसी जैसा क़दम हिंदू राष्ट्र बनाने की ओर पहला क़ानूनी क़दम है। अभी तक यह विचार सिर्फ़ सांस्कृतिक लामबंदी, सार्वजनिक लिंचिंग, डर फैलाने और दंगों के लिए इस्तेमाल किया जाता था। अब यह क़ानूनी क्षेत्र में पहुँच चुका है।

आरएसएस अभी तक विभाजन और इसे सही ठहराने के लिए इस्तेमाल किए गए द्विराष्ट्र के सिद्धांत की भयावह यादों से ग्रसित है। इसके सदस्य आज भी बड़े पैमाने के प्रवासन की कपोल कल्पानाओं में जीते हैं। जिन लोगों को एनआरसी के ज़रिए 'अवैध' ठहराया गया है, उन्हें भी किसी दूसरे देश नहीं भेजा जा सकता। दूसरा विकल्प नागरिकता साबित न कर सकने वालों को नजरबंद कैंपों में भेजा जाना है। लेकिन इस बात पर संशय है कि सरकार इसके

लिए योजना बना रही है। क्योंकि 19 लाख लोगों के लिए यह विकल्प सही नहीं हो सकता।

इस स्थिति में केवल एक ही बेहतर विकल्प हो सकता है कि उनके नागरिकता अधिकार छीन लिए जाएँ। उनसे सामाजिक सुरक्षा के साधन, कल्याण योजनाओं, रोज़गार, सार्वजनिक और संवैधानिक पदों की योग्यताएँ छीन ली जाएँ।

इस तरह की शुरूआत को लेकर कश्मीर का तर्क दिया जा सकता है। अगर 'बाहरी' लोग कश्मीर में ज़मीन नहीं ख़रीद सकते, पश्चिमी पाकिस्तान से आए वाल्मीकि 'हिंदू' प्रवासी, स्थायी निवासी प्रमाणपत्र नहीं बनवा सकते (वे केवल क्लास-IV की नौकरियों के योग्य हैं), तो यह नियम शुरू में 'बाहरी' मुस्लिमों और फिर सभी मुस्लिमों पर लागू क्यों नहीं किया जा सकता! इस तर्क को दक्षिणपंथियों ने खूब फैलाया है और आगे भी जारी रखेंगे।

इसलिए कश्मीर में उठाए क़दम एनआरसी में उठाए जाने वाले क़दमों की तैयारी हैं। जैसा कि दक्षिणपंथियों ने हमें यकीन दिलाया है, कश्मीर में हिंदुओं के अधिकार और भारत में मुस्लिमों के अधिकार एक जैसे होंगे। इसी से हिंदू बहुसंख्यकों को यकीन दिलाया जाएगा कि अगर कश्मीरी पंडितों को घाटी में बसने से रोका जा सकता है, तो मुस्लिमों को शेष भारत में कैसे बसने दिया जा सकता है। इस तरह अपने आप देश 'हिंदू भारत' बन जाएगा।

चाहे कश्मीर हो या असम, इन सबके पीछे प्रधानमंत्री नरेंद्र मोदी के नेतृत्व वाले प्रशासन का अपना तरीक़ा है। अब प्रशासन एक टीवी सीरियल बन चुका है। हर हफ़्ते एक नई 'कहानी' आती है, जो दिलचस्पी बनाए रखती है। जब तक बदलाव के नतीजों को समझा जाता है, अगला 'एपिसोड' शुरू हो जाता है।

जैसा टीवी सीरियलों में होता है, हर हफ़्ते आने वाली इन कहानियों और बदलावों के पीछे एक बड़ी कहानी चल रही होती है। हफ़्ते में आने वाले इन छोटे एपिसोड को देखकर किसी को बड़ी तस्वीर से नज़र नहीं हटानी चाहिए। ट्रिपल

तलाक़, सबरीमाला, कश्मीर, मॉब लिंचिंग और अब एनआरसी, सभी हिंदू राष्ट्र बनाने के जुनूनी सपने के हिस्से हैं।

हमें न केवल इन एपिसोड को जोड़ना है,बल्कि उनकी जानकारी पर नज़र रखकर समझना है कि क्या बताया जा रहा है और यह बहुमत को क्यों पसंद आ सकता है। जो लोग हिंदू राष्ट्र के संकीर्ण विचार के आगे खड़े हैं, उन्हें दक्षिणपंथ की कल्पनाओं से पैदा होने वाले इन क़दमों या एपिसोड की जानकारी पहले ले लेनी होगी। एक ही मुद्दे पर लटके रहने से हिंदू राष्ट्र के विचार के ख़िलाफ़ लामबंदी की कोशिशों को बहुत नुकसान पहुँचेगा। इसलिए जब तक एनआरसी के परिणामों को दूसरे मुद्दों से नहीं जोड़ा जाएगा, तब तक हिंदू राष्ट्र के ख़िलाफ़ बड़ी लामबंदी संभव नहीं है।

उदाहरण के लिए, एकांगी हिंदू समाज बनाने और हाल ही में दलितों के पवित्र स्थल रविदास मंदिर को तोड़ने में संबंध है। यह तोड़-फोड़ तब की गई, जब अयोध्या में दक्षिणपंथी राम मंदिर निर्माण की कोशिशों में लगे हैं। ठीक इसी तरह जब कश्मीर के 'विशेष दर्जे' को ख़त्म किया गया, तब दूसरे 'विशेष प्रावधानों' जैसे दलितों, आदिवासियों और पिछड़ों के लिए आरक्षण पर भी इसका असर पड़ता है।

बीजेपी और आरएसएस रविदास मंदिर को तोड़कर स्थिति को भाँप रहे थे। उन्होंने एससी-एसटी एक्ट में हुए बदलावों का ठीकरा सरकार के बजाए न्याय-व्यवस्था पर फोड़कर बचने के लिए भी ऐसी ही आड़ ली थी। कुछ ऐसा ही तरीक़ा इन्होंने तब भी अपनाया जब जाति और वर्ग के बजाए आर्थिक आधार पर आरक्षण दिया गया (एनआरसी का मैंडेट सुप्रीम कोर्ट ने दिया था और एससी-एसटी एक्ट पर फ़ैसला भी)। इसके बावजूद अपने भाषणों में बीजेपी नेता अप्रत्यक्ष तौर पर असम में मुस्लिमों को घुसपैठिया क़रार देते हैं। बीजेपी ने जनता के दबाव में एससी-एसटी एक्ट पर कोर्ट के फ़ैसले को पलट दिया।

आरएसएस का सपना एकांगी हिंदू और बँटा हुआ कमज़ोर मुस्लिम समाज बनाने का है। इसकी धार्मिक और सामाजिक समझ कहती है कि हिंदू 'बँटा'

हुआ था, इसलिए उसे 'भुगतना' पड़ा। उन्हें बाहुल्य, बँटवारा और एकरूपता, एकता लगती है। यह आरएसएस की इस्लाम संबंधी समझ से पैदा हुई है। आरएसएस की समझ यूरोपीय राष्ट्रवाद और इस्लाम की संस्कृति एवं धर्म के विचार से उधार ली गई है, जबकि यही लोग भारत की 'हज़ार साल की गुलामी और साम्राज्यवाद' का रोना रोते हैं। गहरे तौर पर घर कर चुकी असुरक्षा की यही भावना आज इन्हें तथाकथित 'खोई हुई प्रतिष्ठा' के लिए हिंसा का सहारा लेने को प्रेरित करती है।

ऐसा नहीं है कि किसी एक सुबह हिंदू राष्ट्र घोषित हो जाएगा। यह रोज छोटे-छोटे क़दमों और बदलते क़ानूनों से आकार ले रहा है। इसके तहत 'मुस्लिम शासन' के सभी सार्वजनिक स्मारकों को गिरा दिया जाएगा, इनकी जगह हिंदू नाम रखे जाएँगे और इमारतें बनाई जाएँगी। राम मंदिर इस दिशा में पहला क़दम है।

इस बात की आशंका है कि आरएसएस अपनी हिंदू कायरता वाली भावना को दूर करने के लिए हिंदुओं का सैन्य प्रशिक्षण अनिवार्य कर दे, स्कूली किताबों में हिंदू धार्मिक किताबों, जैसे भगवद्गीता को पढ़ाना जरूरी बना दे, ऐसे और कई काम करे। मुख्य बिंदु यह है कि दक्षिणपंथ जाति और समुदायों के बीच के विवादों का इस्तेमाल सजातीय एकांगी हिंदू राष्ट्र की सहमति बनाने के लिए करता है। हिंदू राष्ट्र के अपने सपने को देश भर में लागू करवाने के लिए आरएसएस आदर्शों को हड़पकर न्याय, आज़ादी, समावेश और सम्मान की बातें कर रहा है। जो आरएसएस के ख़िलाफ़ हैं, अब वो बहुसंख्यकवाद के ख़िलाफ़ मात्र नैतिक आलोचना का सहारा नहीं ले सकते। प्रतिगामी राजनीति के लिए प्रगतिशील आदर्शों की जो हड़प आरएसएस कर रहा है, उससे निपटने के लिए उन्हें रास्ते खोजने होंगे। एनआरसी का विरोध ज़रूरी है, लेकिन इसके लिए उन राजनीतिक और ऐतिहासिक तर्कों को तोड़ना होगा, जिसका सहारा दक्षिणपंथी ले रहे हैं।

इसके लिए ज़रूरी है कि अलग-अलग घटनाओं को जोड़कर बहुसंख्यकों को बताया जाए कि अगर उन्होंने आज विरोध नहीं किया तो उन्हें कल भुगतना

होगा। जो आज अनुच्छेद 370 के रद्द किए जाने का समर्थन कर रहे हैं, कल वे आरक्षण, छोटे राज्यों की माँग या किसी राज्य के लिए विशेष दर्जे की माँग को सही नहीं ठहरा पाएँगे। प्रगतिशील राजनीति के सामने चुनौती है कि वे इन उलझे हुए मुद्दों को आसान बनाकर रोज़ाना की समझ में उतारने की कोशिश करे।

न्यूज़क्लिक, 3 सितंबर 2019

12.

नागरिकता संशोधन विधेयक : विभाजनकारी बिल

टी.के. राजलक्ष्मी

नागरिकता संसोधन विधेयक को फिर से खड़ा करके, ख़ालिस बहिष्कारी चरित्र वाली भाजपा सरकार अपने बहुसंख्यकवादी एजेंडे को ही मज़बूत कर रही है।

सितंबर की 18 तारीख को, केंद्रीय गृह मंत्री अमित शाह ने घोषणा की कि नेशनल रजिस्टर ऑफ़ सिटीज़न्स (एनआरसी) को देश भर में लागू किया जाएगा। उनका कहना था कि भारतीय जनता पार्टी के नेतृत्व वाली राष्ट्रीय जनतांत्रिक गठबंधन (एनडीए) की सरकार को 2019 के चुनावों में जो जनादेश मिला है, उससे लोगों के बीच व्यापक तौर पर इस बात को लेकर सहमति का संकेत मिलता है। असम के संदर्भ में एनआरसी का जो अंतिम मसौदा प्रकाशित किया गया है, उसको लेकर कई सवाल हैं और उसमें क़रीब 19,06,857 लोगों को बाहर छोड़ दिया गया है जिनमें से ज़्यादातर बहुसंख्यक समुदाय से हैं, इस हक़ीक़त के बावजूद उनका यह बयान आया था। अमित शाह ने ज़ोर देकर कहा कि यह नेशनल रजिस्टर ऑफ़ असम नहीं है बल्कि नेशनल रजिस्टर ऑफ़ सिटीज़न्स है यानी उनका मतलब था कि इस धारणा का एक राष्ट्रीय स्वरूप है। इसी से जुड़ी एक रोचक बात यह है कि इस ऐलान से दस दिन पहले 9 सितंबर को गुवाहाटी

में उत्तर-पूर्व जनतांत्रिक गठबंधन (नेडा अर्थात एनडीए का पूर्वोत्तर स्वरूप) के चौथे अधिवेशन को संबोधित करते हुए उन्होंने जानबूझकर नागरिकता संशोधन विधेयक (सीएबी), 2019 का हवाला दिया। उन्होंने कहा, 'हमारा इरादा समूचे देश से अवैध घुसपैठियों को बाहर करना है, केवल असम से नहीं।'

सीएबी सीधे-सीधे एक सांप्रदायिक विधेयक है, जो अवैध प्रवासियों की परिभाषा को ही बदल देगा। सरकार इसमें संशोधन करना चाहती है ताकि पाकिस्तान, बांग्लादेश और अफ़गानिस्तान से आए उन ग़ैर-मुसलमान प्रवासियों यानी कि हिंदू, सिख, जैन, पारसी, बौद्ध और ईसाईयों को भारतीय नागरिकता आसानी से दी जा सके, जो या तो वैध यात्रा दस्तावेज़ों के बग़ैर भारत आ गए थे या फिर जिनके यात्रा दस्तावेज़ों की वैधता या समय सीमा उनके भारत में रहते ख़त्म हो चुकी है। इन लोगों को कथित तौर पर उनके मूल देशों में धार्मिक उत्पीड़न की वजह से या फिर धार्मिक उत्पीड़न के भय की वजह से वहाँ से भागकर भारत में शरण लेनी पड़ी थी। इस विधेयक में शिया या अहमदिया जैसे मुसलमान समुदायों के लिए कोई प्रावधान नहीं है जिनके सदस्यों को पाकिस्तान में धार्मिक उत्पीड़न का सामना करना पड़ता है।

बिल की पड़ताल करने और इसके तमाम हितधारकों से फ़ीडबैक लेने के लिए भाजपा सांसद पी. राजेंद्र अग्रवाल की अध्यक्षता में 2016 में गठित की गई संयुक्त संसदीय समिति (जेपीसी) के सामने सरकार ने ख़ुद स्वीकार किया था कि इस तरह के 'उत्पीड़ित व्यक्तियों' की कुल संख्या करीब 31,313 है जिनमें से हिंदू सबसे ज़्यादा यानी 25,447 हैं। उसके बाद सिखों की संख्या है, जो 5,807 है। कुल 56 ईसाई इस फ़ेहरिस्त में हैं जबकि बौद्धों व पारसियों की संख्या केवल दो-दो है। उनकी परेशानियों में नौकरियों के मामले में भेदभाव किए जाने के दावों, 'काफ़िर' कहे जाने, पूजास्थलों को नष्ट कर दिए जाने, पुरुषों व स्त्रियों को किसी धर्म विशेष को इंगित करने वाले वस्त्र पहनने के लिए मजबूर किए जाने से संबंधित थीं। इस उत्पीड़न की सूची में शामिल लोगों की संख्या इतनी कम होने के बावजूद इस विधेयक का पूर्वोत्तर राज्यों के स्थानीय

आदिवासियों ने विरोध किया था क्योंकि भविष्य में इस बिल से ऐसे लोगों की बाढ़ आ जाने का ख़तरा हो सकता था। इस बिल का विरोध करने वालों का कहना था कि बांग्लादेश से नज़दीकी होने के कारण असम इसका सबसे बड़ा 'शिकार' हो जाएगा। लिहाज़ा यह दलील भी दी गई कि अगर सीएबी के तहत चिन्हित किए गए देशों की सूची से बांग्लादेश का नाम हटा दिया जाए तो फिर असम के लोगों को इस विधेयक से कोई आपत्ति नहीं होगी। जेपीसी ने जनवरी 2019 में संसद को अपनी रिपोर्ट सौंप दी थी।

सीएबी को 15 जुलाई 2016 को लोकसभा में पेश किया गया। यह निचले सदन में तो संसद के शीत सत्र में 8 जनवरी को पारित हो गया लेकिन राज्यसभा में इसे पटल पर ही नहीं रखा जा सका जिसकी बैठक 13 फ़रवरी को स्थगित कर दी गई और सत्र समाप्त हो गया। वैसे 1955 के नागरिकता क़ानून को संशोधित करने वाले इस विवादास्पद विधेयक को 10वीं बार फिर से ज़िंदा करना ही अपने आप में बड़ा कौतुहल पैदा करने वाला था। लेकिन सत्ता पक्ष को संदेह था कि इस विधेयक को लेकर हो रहे विरोध, ख़ास तौर पर उत्तर-पूर्व के राज्यों की ओर से, के कारण राज्यसभा में इसे पारित करवाना मुश्किल होगा, तो उसे ऊपरी सदन में पेश ही नहीं किया गया। भाजपा को इस बात की भी आशंका थी कि अप्रैल-मई में होने वाले लोकसभा चुनावों के नतीजों पर इसका नकारात्मक असर पड़ सकता है। यह एक कारण था जिसकी वजह से भाजपा ने इस विधेयक को पारित कराने पर ज़ोर नहीं दिया और इसे चुनावी मुद्दा भी नहीं बनाया, हालाँकि उसने अपने चुनाव घोषणापत्र में ज़रूर इस विधेयक को लेकर अपनी प्रतिबद्धता जतलाई। लोकसभा चुनावों के नतीजों से यह साफ़ हो गया कि सीएबी ने पूर्वोत्तर राज्यों में भाजपा और उसके सहयोगी दलों के भविष्य पर कोई असर नहीं डाला। दरअसल इसके उलट, भाजपा ने अप्रैल-मई में हुए अरुणाचल प्रदेश विधानसभा चुनावों में 60 में से 41 सीटें जीत लीं।

सेंटर फ़ॉर द स्टडी ऑफ़ डेवलपिंग सोसाइटीज़ और लोकनीति द्वारा किया गया एक सर्वे *इकॉनमिक ऐंड पॉलिटिकल वीकली* (खंड 54, अंक 34, अगस्त

24, 2019) में प्रकाशित हुआ था। इस सर्वे के लेखकों, अमोंगला जमीर, आर.के. सतपथी, एस. मनोज सिंह और श्रेयस सरदेसाई के अनुसार लोगों में अच्छी-खासी जागरुकता और सीएबी को लेकर विरोध के बावजूद वे वोट पड़ने की प्रवृत्ति पर कोई असर नहीं डाल सके। भाजपा ने असम की दस में से नौ लोकसभा सीटें जीत लीं। अरुणाचल प्रदेश में उसने अरुणाचल पूर्व व अरुणाचल पश्चिम, दोनों सीटें जीतीं, मणिपुर की दो सीटों में से एक जीती और त्रिपुरा की दोनों सीटें जीत लीं। पार्टी ने 2014 की जीती गई सीटों की संख्या में छह का इज़ाफ़ा कर लिया और उसने इस क्षेत्र की 25 में से 14 लोकसभा सीटों पर जीत हासिल की। सीएबी से ज़्यादा तो उसे एनआरसी का फ़ायदा मिला, जिसके कारण लोगों का उत्साह भाजपा और उसके नेडा के सहयोगी दलों की तरफ़ मुड़ गया। अब जबकि भाजपा बड़े जनादेश के साथ एक बार फिर से केंद्र में सत्ता में लौट आई है, वह फिर से सीएबी को खड़ा करने के अपने एजेंडे पर लग गई है। इस विधेयक का मूल चरित्र ही विभेदकारी है और इससे भाजपा को बहुसंख्यकवाद के अपने एजेंडे को फिर से आगे बढ़ाने का मौक़ा मिल गया है।

नेडा अधिवेशन में अमित शाह ने कहा कि सीएबी को फिर से संसद के सामने पेश किया जाएगा। उन्होंने अधिवेशन में शामिल लोगों को इस बारे में भी आश्वस्त किया कि उत्तर-पूर्व इलाक़े के मौजूदा क़ानूनों को जस का तस रखा जाएगा। उनके लिए इस बात का भरोसा दिलाना ज़रूरी था क्योंकि संसद के भीतर व बाहर, दोनों तरफ़ बिल पेश करने का कड़ा विरोध हो रहा था, ख़ास तौर पर उत्तर-पूर्व क्षेत्र में। भाजपा के नेडा सहयोगियों ने अपनी कड़ी आपत्तियाँ जताईं और इस मामले में वे सही भी थे। मीडिया रिपोर्टों के अनुसार मिज़ोरम के मुख्यमंत्री जोरामथंगा ने बिल को फिर से पेश किए जाने के प्रस्ताव से अपनी कड़ी असहमति जताते हुए कहा कि उस बिल का समर्थन करने वाले राजनीतिक दल 'आत्मघात के रास्ते' पर हैं। उन्होंने कहा, 'अगर बिल को लागू ही किया जाना है तो यह देखना चाहिए कि क्या पूर्वोत्तर क्षेत्र को उससे बाहर रखा जा सकता है? मेरा अनुरोध है कि आप इस इलाक़े की नाज़ुक स्थिति को देखें।

यहाँ नागरिकता बिल काफ़ी संवेदनशील मसला है, ज़्यादातर राज्यों में जहाँ राजनीतिक पार्टियों ने इसका समर्थन किया वे आत्मघात के मुहाने पर हैं।' मेघालय के मुख्यमंत्री कोनराड संगमा ने भी इस अधिवेशन में बिल को लेकर अपनी चिंताएँ जताईं। उन्होंने केंद्रीय गृह मंत्री से कहा कि वह इस विधेयक को फिर से लेकर आने से पहले इस इलाक़े के सभी राज्यों को विश्वास में लें।

विडंबना यह है कि एनआरसी ने तो भाजपा के विचारधारात्मक जनसांख्यिकीय एजेंडे को पूरा किया और पूर्वोत्तर इलाक़े में कट्टर विचारों को उकसाया। वहीं नागरिकता बिल में संशोधनों का भी उसी तरह का सांप्रदायिक एजेंडा है और उसका वे ही लोग विरोध कर रहे हैं जिन्होंने पहले एनआरसी को आगे बढ़ाया था। उनका कहना है कि इससे इलाक़े, ख़ास तौर पर असम की जनसांख्यिकीय संरचना बदल जाएगी और स्थानीय लोगों के राजनीतिक, आर्थिक, सांस्कृतिक और सामाजिक मामलों के लिए उससे ख़तरा पैदा हो जाएगा।

इस बिल में 31 दिसंबर 2014 को नागरिकता देने की आख़िरी तारीख़ के तौर पर निर्धारित किया गया है। इसका मतलब यह है कि जो ग़ैर-मुसलमान 1971 (एनआरसी के लिए कटऑफ़ का साल) के बाद और 2014 के बीच आकर बसे हैं, वे वैध नागरिक माने जाएँगे लेकिन असम में 1971 के कट-ऑफ़ साल के बाद आने वाले मुसलमानों को नागरिकता से वंचित रखा जाएगा। दरअसल, सीएबी को फिर से ज़िंदा करने से यह आशय निकाला जा रहा है कि अंतिम एनआरसी सूची से बाहर रह गए 'अवैध प्रवासियों' के लिए स्थापित किए गए जन हिरासती केंद्रों में जो ग़ैर-मुसलमान बंद हैं, उन्हें तो बड़ी आसानी से सीएबी के तहत फिर से समायोजित कर लिया जाएगा क्योंकि उसमें उन ग़ैर-मुसलमान शरणार्थियों के लिए निवास का अधिकार मान लिया गया है जिन्होंने भारत में सात साल का निवास पूरा कर लिया है।

समस्या यह है कि सीएबी, संविधान के अनुच्छेद 14 के तहत निहित समानता के मौलिक अधिकार की पूरी तरह से अवहेलना करता है क्योंकि वह

धर्म के आधार पर लोगों में भेद करता है और कुछ ख़ास धर्मों से आने वाले लोगों को शामिल करता है जबकि मुसलमान समुदाय से आने वाले शरणार्थियों को बाहर रखता है। जेपीसी के सामने अपने बयानों व टिप्पणियों में सरकारी प्रतिनिधियों ने ज़ोर देकर कहा था कि यह बिल अनुच्छेद 14 का उल्लंघन नहीं करता है क्योंकि वह किसी धर्म के लोगों के साथ भेदभाव नहीं करता।

सीएबी के बारे में यह भी कहा जा रहा है कि वह असम समझौते (जिस पर 1985 में भारत सरकार के प्रतिनिधि और असम आंदोलन के नेताओं के बीच दस्तख़त किए गए थे) का भी उल्लंघन करता है, जिसमें साफ़ तौर पर कहा गया था कि 1 जनवरी 1966 और 24 मार्च 1971 के बाद असम में प्रवेश करने वाले सभी लोगों को विदेशी माना जाएगा और उन्हें विदेशियों का पंजीकरण क़ानून, 1939 के तहत अपने नाम रजिस्टर कराना ज़रूरी होगा। आलोचकों ने इस बात की ओर इशारा किया है कि सीएबी इस तरह उन सभी लोगों, ख़ास तौर पर ग़ैर-मुसलमानों की, नागरिकता को वैधता प्रदान कर देगा जिन्हें एनआरसी के तहत अवैध प्रवासी घोषित किया जा चुका है। अब फ़ायदा इस खामी का उठाया जा रहा है कि नागरिकता क़ानून, 1955 इस बात को परिभाषित नहीं करता है कि नागरिक कौन है? फिर, इस तरह के मामलों को तय करने का अधिकार एक तरह से संसद के पास छोड़ दिया गया है। ऐसे में भाजपा को लगता है कि इस कारगर तरीक़े का इस्तेमाल करके कुछ ख़ास समुदायों को नागरिकता दी जा सकती है और मुसलमानों को बाहर रखा जा सकता है।

चिंताजनक मानसिकता

दरअसल, सीएबी के बारे में जेपीसी द्वारा जनवरी 2019 में दाख़िल की गई रिपोर्ट की भूमिका को नज़दीक से देखने से एक चिंताजनक मानसिकता ज़ाहिर होती है। शुरू में ही उसमें धर्मशासित देशों और ग़ैर-धर्मशासित देशों में अंतर

किया गया है और यह मान लिया गया है कि धर्मशासित देशों में अल्पसंख्यकों का उत्पीड़न होता है। फिर उसमें कहा गया है कि संविधान ने नागरिकता प्रदान करने या रद्द करने और इससे संबंधित सभी मामलों को संसद के अधिकार में छोड़ा है। जेपीसी ने यह कहा है कि 'जनसांख्यिकीय समस्याओं का अंतिम निवारण इस बात पर निर्भर करता है कि अलग-अलग देश कैसे अपनी नागरिकता नीतियों को परिभाषित और लागू करते हैं।'

जेपीसी की रिपोर्ट में नागरिकता से संबद्ध संविधान के अनुच्छेद 5 व 6 पर संविधान सभा में हुई बहस के दौरान बाबासाहेब अम्बेडकर को भी यह कहते हुए उद्धृत किया गया है कि 'नागरिकता का क़ानून तैयार करने के काम को संसद पर छोड़ दिया गया है' और यह भी कि 'अगर लोगों की कोई ऐसी श्रेणी है जो संशोधन में शामिल प्रावधानों से बाहर रह गई है तो हमने संसद को इस बात के अधिकार दे दिए हैं कि वह आगे जाकर उनके बारे में प्रावधान बना सके।' रिपोर्ट में सरदार वल्लभभाई पटेल को भी संविधान सभा में (अप्रैल 1947) यह कहते हुए उद्धृत किया गया है कि 'यह याद रखना ज़रूरी है कि नागरिकता के प्रावधानों को पूरी दुनिया में परखा जाएगा। वे सब लोग देख रहे हैं कि हम क्या कर रहे हैं।' रिपोर्ट ने जवाहरलाल नेहरु के भी चर्चित 'नियति से मुलाक़ात' (ट्रिस्ट विद डेस्टिनी) भाषण में से कुछ अंश छाँटकर उद्धृत किए हैं, जिसमें नेहरु ने कहा था कि 'हम अपने उन भाइयों व बहनों के बारे में भी सोच रहे हैं जो राजनीतिक सीमाओं के कारण हमसे कट गए हैं और जो बड़ी तकलीफ़ के साथ इस आज़ादी को इस समय हमारे साथ साझा नहीं कर पा रहे हैं, जो हमें मिली है।' नेहरु की यह टिप्पणी नागरिकता का अधिकार देने के संदर्भ में क़तई नहीं थी बल्कि वह एक सामान्य सा ख़्याल था और वह टिप्पणी किसी ख़ास समुदाय अथवा धार्मिक समूह को ध्यान में रखकर भी नहीं की गई थी।

जेपीसी ने भारतीय जनसंघ (भाजपा की पूर्ववर्ती) के संस्थापक श्यामा प्रसाद मुखर्जी को भी अच्छा-ख़ासा उद्धृत किया है, जिन्होंने 'पूर्वी पाकिस्तान में

अल्पसंख्यकों के उत्पीड़न' के विरोध में संविधान सभा से इस्तीफ़ा दे दिया था। उनके हवाले से कहा गया है कि, 'हमें यह नहीं भूलना चाहिए कि पूर्वी बंगाल के हिंदू भारत से सुरक्षा के हक़दार हैं, न केवल मानवीय आधार पर, बल्कि इस आधार पर भी कि उनकी कई पीढ़ियों ने हंसते-हंसते त्याग व बलिदान दिए हैं, अपने संकुचित स्वार्थों को आगे बढ़ाने के लिए नहीं बल्कि भारत की राजनीतिक आज़ादी और बौद्धिक तरक़्क़ी की बुनियाद स्थापित करने के लिए।'

बहरहाल, सीएबी संसद में पारित होने के लिए भी इंतज़ार ही कर रहा था कि उधर सरकार ने 7 सितंबर 2015 को जारी एक अधिसूचना के ज़रिए पासपोर्ट (भारत में प्रवेश) नियम, 1950 और विदेशी आदेश, 1948 को संशोधित कर दिया। इसके ज़रिए तीन देशों से छह चिन्हित समूहों के व्यक्तियों के भारत में प्रवेश व रहने को नियमित कर दिया गया और उन पर विदेशी क़ानून और पासपोर्ट (भारत में प्रवेश) क़ानून और इन दोनों क़ानूनों से संबद्ध नियमों के कोई भी दंडात्मक प्रावधान लागू न किए जाने का आदेश दे दिया गया। भारत में 2011 से उन प्रवासियों के बारे में एक मानक परिचालन प्रक्रिया है जो अपने देशों में किसी नस्ल, धर्म, जातीय पहचान, राष्ट्रीयता और किसी सामाजिक अथवा राजनीतिक समूह की सदस्यता के कारण हो रहे उत्पीड़न की वजह से भारत आ गए हैं। तो इस तरह से अब उत्पीड़ित प्रवासियों की दो श्रेणियाँ हो गईं जिनके साथ उनकी धार्मिक पहचान के आधार पर अलग-अलग बर्ताव किया जाना था। 'अल्पसंख्यक' शरणार्थियों और प्रवासियों की एक श्रेणी के लिए तो मानक परिचालन प्रक्रिया लागू की जानी थी, जबकि बाक़ियों को सीएबी के प्रावधानों के चलते सीधे नागरिकता के अधिकार से उपकृत कर दिया जाना था।

उदाहरण के तौर पर, केंद्र सरकार ने रोहिंग्या शरणार्थी संकट को उस तरह के मानवीय रवैये के साथ हल नहीं किया है जितना उसे करना चाहिए था जबकि संयुक्त राष्ट्र तक ने इसे हाल के समय के सबसे ख़राब मानवीय संकट के तौर पर चिन्हित किया था। संयुक्त राष्ट्र ने म्यांमार के राखिने प्रांत से भाग रहे रोहिंग्या

शरणार्थियों को दुनिया में सबसे ज़्यादा उत्पीड़ित जातीय समूह के तौर पर बताया था। सरकारी अनुमानों में रोहिंग्या शरणार्थियों की कुल संख्या को 40,000 आँकी गई है जबकि संयुक्त राष्ट्र के अनुमान इससे कहीं ज़्यादा हैं। तिब्बत से आए शरणार्थियों को तो रजिस्ट्रेशन के बाद पहचान प्रमाणपत्र दे दिए गए हैं, लेकिन रोहिंग्या शरणार्थियों को सरकार संदेह से देखती है और आंतरिक सुरक्षा के लिए ख़तरा मानती है। इस संदेह की अतिरिक्त वजह यही है कि रोहिंग्या शरणार्थी दरअसल मुसलमान हैं।

उत्पीड़ित समूहों को आश्रय देने के प्रावधानों के साथ किसी ठोस शरणार्थी नीति का अभाव ही दरअसल सरकार को प्रवासियों के प्रति एक मनमाना रवैया अपनाने की गुंजाइश देता है। वह अपनी मर्ज़ी से उन्हें वैध अथवा अवैध प्रवासी या वैध अथवा अवैध शरणार्थी मानती है। भारत ने 1951 की संयुक्त राष्ट्र शरणार्थी संधि पर दस्तख़त नहीं किए हैं और न ही 1967 के प्रोटोकॉल पर। वह संधि ही किसी शरणार्थी को परिभाषित करती है और शरण पाने वाले लोगों के अधिकार और उनके प्रति सरकार की ज़िम्मेदारियों को तय करती है। लेकिन यह तो साफ़ है कि मौजूदा सरकार के इस दिशा में भरपूर उत्साह के बावजूद नागरिकता अधिकार को इस तरह से मनमाने तरीक़े से लागू करने पर उत्तर-पूर्व इलाक़े के लोग और उनके निर्वाचित प्रतिनिधि खुश नहीं हैं।

यहाँ यह याद दिलाना ज़रूरी है कि प्रधानमंत्री नरेंद्र मोदी ने स्वतंत्रता दिवस पर अपने भाषण में कहा था कि जिन लोगों ने छोटे परिवार के सिद्धांत का अनुसरण किया उन्होंने राष्ट्र के विकास में योगदान दिया है। उन्होंने आगे कहा कि यह एक क़िस्म की देशभक्ति है।

जनसंख्या की राजनीति, राष्ट्रीय पहचान – सांस्कृतिक राष्ट्रवाद और हाल में देखा जाए तो नागरिकता – ये सब भाजपा के एजेंडे में हमेशा से सबसे ऊपर रहे हैं। बढ़ती आर्थिक असुरक्षाओं और बढ़ती बेरोज़गारी की स्थिति का सामना कर पाने में नाकाम होने के कारण बार-बार बस अवैध घुसपैठियों को 'कानूनी

रास्ते' से बाहर निकालने की रटंत लगाई जा रही है, जैसा कि अमित शाह कहते आ रहे हैं। यह जीवनयापन के असली व ज़्यादा गंभीर मुद्दों से लोगों का ध्यान बँटाने वाले किसी मायाजाल की तरह है।

फ्रंटलाइन, 11 अक्टूबर 2019

13.

एनआरसी+सीएबी : संघ परिवार का एक और विभाजनकारी हथियार

सुबोध वर्मा

राष्ट्रीय नागरिकता रजिस्टर के साथ नागरिकता संशोधन क़ानून के मिलने से जो रसायन तैयार होगा, वही संघ परिवार के एजेंडे को पूरा करने का सबसे कारगर ज़रिया है। जहाँ नागरिकता रजिस्टर कथित रूप से ग़ैर-क़ानूनी अप्रवासियों को चिन्हित करता है, वहीं नागरिकता क़ानून में किया जाने वाला संशोधन यह सुनिश्चित करेगा कि चिन्हित किए गए लोगों में से सिर्फ़ मुसलमान हों जिनके साथ किसी भी तरह की रू-रियायत न बरती जाए और पूरी निर्ममता से 'घुसपैठिए' के लिए निर्धारित वैधानिक प्रक्रियाओं का निशाना बनाया जाए। इससे एक ओर संघ के सिद्धांतकार गोलवलकर के सपनों को पूरा करने की सूरत निकलती है, तो दूसरी ओर हर मोर्चे पर सरकार की असफलता की ओर से जनता का ध्यान बँटाने में भी कामयाबी मिलती है। इन दोनों पक्षों की पड़ताल इस लेख में की गई है।

देशव्यापी एनआरसी की माँग, मोदी सरकार द्वारा पैदा किए गए गंभीर आर्थिक संकट से ध्यान हटाने में भी बहुत महत्वपूर्ण भूमिका निभा रही है।

जो मुद्दा पहले भगवा अतिवादियों का बेबुनियाद और भ्रमित करने वाला

विलाप माना जाता था, वह आज मुख्यधारा का मुद्दा बनने की प्रक्रिया में है। वह है, देशव्यापी राष्ट्रीय नागरिक रजिस्टर यानी एनआरसी की माँग। गृह मंत्री अमित शाह ख़ुद इस माँग की अगुवाई कर रहे हैं और देशव्यापी एनआरसी की आवश्यकता के बारे में बखान करते हुए दावा कर रहे हैं कि इसे लागू करने के लिए उनकी सरकार को साल के शुरू में हुए लोकसभा चुनाव में जनादेश मिला है। इससे पहले भी उन्होंने बार-बार कहा था कि एनआरसी प्रक्रिया के माध्यम से विदेशियों को पश्चिम बंगाल से बाहर निकाल दिया जाएगा।

लेकिन असम में भारतीय जनता पार्टी (भाजपा) को इस प्रक्रिया में जो नाकामयाबी मिली – विदेशी क़रार दिए गए 19 लाख लोगों में कथित रूप से कई लाख हिंदुओं के नाम भी शामिल निकले – उससे बचने के लिए शाह ने एनआरसी के साथ नागरिकता (संशोधन) विधेयक (Citizenship Amendment Bill; CAB) को भी जोड़ दिया है। सनद रहे कि नागरिकता (संशोधन) विधेयक को पिछली मोदी सरकार द्वारा लाया गया था, लेकिन यह अपनी ही मौत मर गया था क्योंकि यह राज्यसभा में पारित नहीं हो सका था और लोकसभा का कार्यकाल समाप्त हो गया था। यह नागरिकता अधिनियम, 1955 को संशोधित करने के लिए पेश किया जा रहा है जिसमें भारत के नागरिक होने की शर्तें दर्ज हैं।

नागरिकता (संशोधन) विधेयक को एनआरसी से लिंक क्यों करना है? क्योंकि यह सीएबी है जो निर्दिष्ट करता है कि तीन पड़ोसी देशों (अफ़गानिस्तान, बांग्लादेश और पाकिस्तान) से मुसलमानों को छोड़कर सभी धर्मों के अवैध प्रवासियों को छह साल रहने के बाद भारत के नागरिक बनने की अनुमति दी जा सकती है। पहले 11 वर्ष का प्रावधान था। यह खुले तौर पर संविधान विरोधी क़ानून है, जो एक विशेष धार्मिक समुदाय के लोगों के साथ भेदभाव करता है और इस प्रकार समानता के अधिकार की गारंटी देने वाले संविधान के अनुच्छेद 14 का उल्लंघन करता है। गृह मंत्री इस बात पर ज़ोर दे रहे हैं कि इसे पास करवाने का जनादेश उनके पास है।

शाह के लिए, और संघ परिवार के लिए, एनआरसी और सीएबी के बीच यह संबंध आवश्यक है। यह इस हद तक चला जाएगा कि दूसरे देशों के प्रवासियों को केवल यह दिखाना होगा कि वे मुस्लिम नहीं हैं, वे भारत में 6 से अधिक साल से रह रहे हैं और वे भारत के नागरिक बन जाएँगे। दूसरी ओर, मुसलमानों को यह दिखाना होगा कि वे भारत में 11 वर्षों से निवास कर रहे हैं।

जब सीएबी की चर्चा होती है तो कुछ बातें लगभग भुला दी जाती हैं। अपने पहले कार्यकाल में ही मोदी सरकार ने अवैध अप्रवासियों से संबंधित दो अन्य क़ानूनों में संशोधन करके इस भेदभाव की नींव डाल दी थी! विदेशी अधिनियम, 1946 और पासपोर्ट (भारत में प्रवेश) अधिनियम, 1920 भारत के भीतर विदेशियों के प्रवेश, वापस जाने और रिहायश का नियमन करने के लिए केंद्र सरकार को अधिकार देते हैं। 2015 और 2016 में केंद्र सरकार ने इन दोनों क़ानूनों के प्रावधानों में अवैध प्रवासियों के कुछ समूहों को छूट देते हुए दो अधिसूचनाएँ जारी की थीं। ये समूह अफ़गानिस्तान, बांग्लादेश और पाकिस्तान में रह रहे हिंदुओं, सिखों, बौद्धों, जैनियों, पारसियों और ईसाइयों के हैं, जो 31 दिसंबर 2014 को या उससे पहले भारत आए हैं। इसका स्पष्ट मतलब यह है कि वैध दस्तावेज़ों के बिना, भारत से इन समूहों से संबंधित अवैध अप्रवासियों को देश से निर्वासित नहीं किया जाएगा और न ही जेल में रखा जाएगा। मुस्लिम समुदाय के बारे में यह छूट नहीं दी गई।

सीएबी और एक क़दम आगे बढ़ाते हुए इन तीनों देशों के अवैध अप्रवासियों के छह धार्मिक समुदायों (मुस्लिमों को छोड़कर) से संबंधित लोगों को नागरिकता प्रदान करने का वादा करता है।

अग़र एक बार यह हो गया तो किसी भी एनआरसी में (जैसे कि असम में हुआ) हिंदुओं को अवैध अप्रवासियों की सूची में शामिल नहीं किया जाएगा और इसलिए उन्हे निर्वासन का सामना भी नहीं करना पड़ेगा।

एनआरसी का समूह-गान

शाह द्वारा शह दिए जाने के बाद से कम से कम 10 राज्यों के भाजपा नेताओं (मुख्यमंत्रियों सहित) ने तुरंत अपने-अपने राज्यों में एनआरसी की माँग करना शुरू कर दिया है। इनमें दिल्ली के भाजपा अध्यक्ष, कर्नाटक के भाजपा गृह मंत्री बोम्मई, उत्तर प्रदेश के मुख्यमंत्री योगी आदित्यनाथ (जहाँ अभी से ही भाजपा के नेतृत्व वाली राज्य सरकार ने राज्य की पुलिस के माध्यम से 'बांग्लादेशी' घुसपैठियों की पहचान शुरू कर दी है), झारखंड के मुख्यमंत्री रघुबर दास, मणिपुर के मुख्यमंत्री एन. बिरेन सिंह, हरियाणा, राजस्थान, ओडिशा, बिहार के नेता शामिल हैं, जबकि महाराष्ट्र और गोवा, जहाँ भाजपा का शासन है, में जेलनुमा नज़रबंदी केंद्र स्थापित किए जा रहे हैं।

अमित शाह ने ख़ुद ही घोषणा की है कि बीजेपी घुसपैठियों को बंगाल से भगाने के लिए एनआरसी लागू करेगी। बेशक, उन्होंने इस बात को ज़ोर देकर कहा कि सीएबी के संसद में पारित होने के बाद ही यह किया जाएगा ताकि इस सब से केवल मुस्लिम ही प्रभावित हों, यानी उनकी सांप्रदायिक मुहीम के लिए कोई रोड़ा न बने।

क्या इन राज्यों को बांग्लादेश से बहुत अधिक अप्रवासियों का सामना करना पड़ रहा हैं? 2011 की जनगणना के आँकड़ों के अनुसार, अखिल भारतीय स्तर पर, देश में हर एक लाख की आबादी पर केवल 190 बांग्लादेशी अप्रवासी हैं। इन अप्रवासियों का लगभग 87 प्रतिशत हिस्सा पश्चिम बंगाल और त्रिपुरा में है। ये अप्रवासी नागरिकता अधिनियम, 1955 में निर्दिष्ट 11 वर्षों से भी अधिक लंबे समय से भारत में रह रहे हैं। वे विभिन्न धार्मिक संप्रदायों से संबंधित हैं, न कि किसी ख़ास मज़हब से।

इसलिए, बीजेपी नेताओं द्वारा अवैध अप्रवासियों की बाढ़ और मुस्लिम समुदाय की जनसंख्या में विस्फोटक वृद्धि के बारे में जो झूठ और डर बयाँ किया जाता रहा है, उसका कोई आधार मौजूद नहीं है।

एनआरसी की माँग के पीछे वास्तविक इरादा क्या है?

यदि अप्रवासियों की वास्तविक संख्या इतनी कम है, तो फिर एनआरसी और सीएबी के बारे में इतना हो-हल्ला क्यों किया जा रहा है? इस सवाल का जवाब एक अल्पकालिक उद्देश्य और एक दीर्घकालिक ख़्वाब में निहित है। तात्कालिक उद्देश्य में कई आगामी विधानसभा चुनाव, विशेष रूप से बंगाल में 2021 के चुनाव हैं, जहाँ धर्म के आधार पर राज्य में मतदाताओं का तेजी से ध्रुवीकरण करके उसे जीतना है। यह रणनीति इस साल के शुरू में हुए लोकसभा चुनावों के दौरान हुए हिंसक प्रदर्शन में देखी गई थी। बीजेपी इसे ज़्यादा मज़बूती के साथ आगे बढ़ाना चाहती है। और लगता है, बंगाल में सत्तारूढ़ ममता के नेतृत्व वाली तृणमूल कांग्रेस उनके हाथों में बिल्कुल उन्हीं के मुताबिक़ खेल रही है।

लेकिन एनआरसी पर दीर्घकालिक एजेंडा सबसे अधिक चिंताजनक है। क्योंकि, 'विदेशी घुसपैठियों' को बाहर फेंकने की माँग करना 'विदेशियों' के प्रति घृणा पैदा करना है जो केवल बांग्लादेशी मुसलमानों तक सीमित नहीं रहेगी। वास्तव में, सभी मुस्लिमों को विदेशियों के रूप में देखना आरएसएस की बड़ी परियोजना का मूल रूप है। मुस्लिम 'घुसपैठियों' की पहचान और उनके निर्वासन की माँग को चौतरफ़ा बढ़ाया जा सकता है और हिंदू कट्टरपंथियों की लामबंदी का बड़ा कारण बन सकता है।

राष्ट्रीय स्वयंसेवक संघ के विचारों से प्रेरित होकर भाजपा इस मुद्दे को भारतीय बनाम 'विदशी' के रूप में दिखा रही है ताकि आम जनता में जो देशभक्ति की भावनाएँ हैं, उनका फ़ायदा उठाया जा सके और संघ की असली हिंदू कट्टरपंथी सोच उजागर न हो। अंततः वे चाहते हैं कि देश की जनता को न सिर्फ़ 'विदेशियों' के प्रति बल्कि तमाम ग़ैर-हिंदुओं के प्रति नफ़रत से भर दिया जाए। आइए, देखें कि संघ के इस बारे में क्या विचार हैं।

संघ की हिंदू राष्ट्र की कल्पना

मुस्लिम समुदाय के प्रति संघ परिवार की शत्रुता भरी सोच को समझने के लिए सबसे बेहतर है कि गोलवलकर के लेखन को पढ़ें। याद रहे कि गोलवलकर तीन दशक से भी ज़्यादा समय तक संघ के सरसंघचालक (यानि सर्वोच्च नेता) रहे थे और संघ की विचारधारा के मूल स्रोत माने जाते हैं।

अपनी किताब *वी ऑर अवर नेशनहुड डिफाइंड* में गोलवलकर लिखते हैं, (अंग्रेज़ी से मुक्त अनुवाद) :

> इस देश, हिन्दुस्थान, में हिंदू नस्ल और उसका हिंदू धर्म, हिंदू संस्कृति व हिंदू भाषा (संस्कृत तथा उससे जन्मी भाषाओं का प्राकृतिक परिवार) राष्ट्र की परिकल्पना को पूरा बनाते हैं – यह कि हिन्दुस्थान में मौजूद है, अनिवार्यतः मौजूद है, हिंदू राष्ट्र और केवल हिंदू राष्ट्र। जो भी इस राष्ट्र, यानी हिंदू नस्ल, धर्म, संस्कृति और भाषा का हिस्सा नहीं हैं, वे प्राकृतिक तौर पर असली 'राष्ट्रीय' जीवन के बाहर माने जाएँगे। (पृ. 99)

गोलवलकर के मुताबिक़ भारत की परिभाषा है, भौगोलिक क्षेत्र और उसमें रहने वाले हिंदू लोग जो हिंदू धर्म मानते हैं, हिंदू संस्कृति का पालन करते हैं और हिंदू भाषाएँ बोलते हैं (यानि संस्कृत से जन्मी भाषाएँ)। बाक़ी सारे लोग – मुसलमान, ईसाई व अन्य धर्मों को मानने वाले – यहाँ तक कि आदिवासी भी हिंदू नहीं हैं और इसलिए राष्ट्र का हिस्सा नहीं हैं।

जो लोग राष्ट्र की इस परिभाषा में नहीं आते, उनका क्या होना चाहिए? गोलवलकर के पास इसका भी समाधान है :

> सबसे पहले तो हमें ध्यान में रखना चाहिए कि जहाँ तक 'राष्ट्र' का सवाल है, ऐसे सारे लोग जो पाँच सीमाओं के बाहर हैं, उनके लिए राष्ट्रीय जीवन

> में कोई स्थान नहीं है जब तक वे अपने मतभेद त्याग न दें, और राष्ट्र के धर्म, संस्कृति व भाषा को अपना कर राष्ट्रीय नस्ल में पूरी तरह से विलीन न हो जाएँ। मगर, जब तक वे अपने नस्ली, धार्मिक और सांस्कृतिक मतभेद बनाए रखते हैं, तब तक वे विदेशी ही होंगे जो राष्ट्र के प्रति दोस्त भी हो सकते हैं और दुश्मन भी। (पृ. 101)

यहाँ हम देखते हैं कि 'विदेशी' की परिभाषा में वे लोग हैं जो हिंदुओं से 'अपने नस्ली, धार्मिक, और सांस्कृतिक मतभेद बनाए रखते हैं।' चाहे वे सदियों से भारत में क्यों न रह रहे हों, मगर वे भिन्न हैं, इसलिए वे 'विदेशी' माने जाएँगे।

इन 'विदेशियों' को क्या करना चाहिए? गोलवलकर फिर से दो टूक समाधान देते हैं :

> हिंदुस्थान में विदेशी जाति को या तो हिंदू संस्कृति और भाषा को अपनाना, हिंदू धर्म का सम्मान करना और आदरपूर्ण स्थान देना सीखना होगा, हिंदू जाति और संस्कृति यानी हिंदू राष्ट्र और हिंदू जाति की महिमा के अलावा और किसी विचार को नहीं मानना होगा और अपने अलग अस्तित्व को भुलाकर हिंदू जाति में विलय हो जाना होगा या उन्हें हिंदू राष्ट्र के अधीन होकर, किसी भी अधिकार का दावा किए बिना, बिना विशेषाधिकार के, यहाँ तक कि नागरिक के रूप में अधिकारों से वंचित होकर देश में रहना होगा। (पृ. 105)

उनके मुताबिक़, 'विदेशियों को अपना अलग अस्तित्व भूल कर हिंदू नस्ल में शामिल हो जाना चाहिए या फिर बिना नागरिक अधिकारों के भारत में रहना चाहिए।'

ज़रा एक नज़र एनआरसी और सीएबी और भाजपा-संघ परिवार से बह रहे प्रचार पर डालिए और आप समझ जाएँगे कि यह सब और कुछ नहीं,

गोलवलकर की दृष्टि को क़ानूनी रूप से लागू करने की तैयारी है, और पीछे, ज़रूरत पड़ने पर, संघ परिवार के सेनानी ज़मीन पर तैयार हैं। वास्तव में, साढ़े पाँच साल से ज़्यादा के शासन काल में भाजपा और संघ परिवार ने अल्पसंख्यक समुदायों के ख़िलाफ़ हिंसात्मक मुहीम छेड़ रखी है जिसको नेताओं के आग-लगाऊ भाषणों, अपराधियों के क़ानूनी कार्यवाही से बचाव, और सोशल मीडिया पर फैलाए जा रहे ज़हर से भड़काया जा रहा है। हिंदू कट्टरपंथियों ने 'गौ-रक्षा' के नाम पर दर्ज़नों मुसलमानों और दलितों पर हमले किए हैं। चुनावों में खुल्लम-खुल्ला सांप्रदायिक प्रचार किया जाता है। कश्मीर में धारा 370 रद्द करके पूरी घाटी को नज़रबंद कर दिया जाना भी इसी मुहिम का हिस्सा है। जो कश्मीर में किया गया है, वही अन्य जगहों पर भी किया जा सकता है – हिंदू राष्ट्र बनाने के लिए – यह संदेश दिया जा रहा है।

ध्यान भटकाने में भूमिका

इसके साथ ही, एनआरसी का स्वांग गंभीर आर्थिक संकट से ध्यान हटाने में बहुत महत्वपूर्ण भूमिका निभा रहा है, जिस संकट को मोदी सरकार ने देश में पैदा किया है। वास्तव में, देशव्यापी एनआरसी की माँग करने वाले भाजपा के कई नेता खुले तौर पर कह रहे हैं कि विदेशियों द्वारा नौकरियों पर कब्ज़ा किया जा रहा है, या भूमि पर उनका कब्ज़ा है। एक यह भी अफ़वाह फैलाई जा रही है, जो पूरी तरह से निराधार है कि प्याज के व्यापार पर मुसलमानों का कब्ज़ा है और इसीलिए प्याज के दाम बढ़ गए हैं!

बढ़ती बेरोजगारी और मंदी के कारण नौकरियों के नुकसान के ख़िलाफ़ बढ़ते असंतोष और इस संकट से निपटने में मोदी सरकार की अक्षमता को छिपाने के लिए एनआरसी या अन्य (मंदिर, पाकिस्तान आदि) जैसी माँगें उठाई जाएँगी ताकि लोगों का ध्यान मुख्य मुद्दों पर न जाए। और ये मुद्दे मोदी सरकार की बैसाखी का काम करेंगे। क्या यह सब काम करेगा? अगर हाँ, तो कितने

समय तक? यह तो वक़्त ही बताएगा। लेकिन एक बात तय है कि ये एक विनाशकारी और ख़तरनाक नीति है जो संविधान, देश की अखंडता और लोगों की एकता को कमज़ोर करेगी।

न्यूज़क्लिक, 6 अक्टूबर 2019

आभार

यह संकलन कई लोगों के अथक परिश्रम का नतीजा है। हम लेखकों, अनुवादकों, वीडियो एडिटर्स और कैमरा पर्सन को धन्यवाद देना चाहते है पर शायद सबके नाम लिखने के लिए एक नई किताब की ज़रूरत पड़ेगी, लेकिन कुछ नाम ख़ास तौर पर लिखना अनिवार्य है।

हम सबसे पहले हर्ष मंदर, तीस्ता सेतलवाड़, प्रबीर पुरकायस्थ, गीता हरिहरन और सुधन्वा देशपांडे को धन्यवाद देना चाहते हैं, जिनके लगातार निर्देशन और अथक परिश्रम की वजह से ही यह संकलन संभव हो पाया। साथ ही हम इंडियन कल्चरल फ़ोरम, न्यूज़क्लिक, *कारवां-ए-मोहब्बत, सेंटर फ़ॉर इक्विटी स्टडीज़, फ्रंटलाइन, सबरंग, सिटीज़न्स फ़ॉर जस्टिस एंड पीस* और *कैरावन* के बोर्ड और संपादक मंडल का शुक्रिया अदा करना चाहते हैं।

हम सोनाली, सत्यम, दानिया रहमान, महेश कुमार, उपेंद्र स्वामी, अजय कुमार, मनजीत यादव और न्यूज़क्लिक के राजेश का शुक्रिया अदा करना चाहते हैं। इन्होंने अनुवाद से लेकर कोऑर्डिनेशन तक, सबमें हमारी सहायता की है।

हम निम्नलिखित वेबसाइट्स के आभारी हैं, जिन्होंने सच्ची पत्रकारिता की मिसाल दी है और जनता के मुद्दों को लगातार उठाया है। यह संकलन इन्हीं मंचों की मेहनत का नतीजा है।

सबरंग – https://sabrangindia.in

सिटीज़न्स फ़ॉर जस्टिस एंड पीस – https://cjp.org.in

न्यूज़क्लिक – https://www.newsclick.in

न्यूज़क्लिक हिंदी – https://hindi.newsclick.in

इंडियन कल्चरल फ़ोरम – https://indianculturalforum.in

कारवां-ए-मोहब्बत – https://karwanemohabbat.in

सेंटर फ़ॉर इक्विटी स्टडीज़ – https://centreforequitystudies.org

फ्रंटलाइन – https://frontline.thehindu.com

कारवां – https://caravanmagazine.in

पर सबसे अधिक हम उनके आभारी हैं, जिन्होंने लेखों और वीडियो के ज़रिए, अपने संघर्षों और अनुभवों को लोगों तक पहुँचाया। यह संकलन इन्हीं की कहानी है और इन्हीं को समर्पित है।

परिचय

हर्ष मंदर सामाजिक कार्यकर्ता और लेखक हैं। वे सेंटर फ़ॉर इक्विटी स्टडीज़ के डायरेक्टर भी हैं।

वर्णा बालाकृष्णन कारवां-ए-मोहब्बत में शोधकर्ता हैं। नागरिकता, जेंडर और सांप्रदयिकता उनके मुख्य विषय हैं।

ज़मसेर अली पत्रकार और कार्यकर्ता हैं। असम इनका कार्यक्षेत्र है।

अब्दुल कलाम आज़ाद स्वतंत्र शोधकर्ता हैं। उन्होंने गुवाहाटी स्थित टाटा इंस्टिट्यूट ऑफ़ सोशल साइंसेज के साथ भी काम किया है।

सुबोध वर्मा न्यूज़क्लिक के लिए सामाजिक और आर्थिक मुद्दों पर लिखते हैं। वह ट्रेड यूनियन और अन्य लेफ़्ट संगठनों के साथ भी काम कर चुके हैं।

सुप्रकाश तालुकदार भारतीय कम्युनिस्ट पार्टी (मार्क्सवादी) असम राज्य सचिव मंडल के सदस्य हैं।

संगीता बरुआ पिशारोती द वायर की डिप्टी एडिटर हैं। वे संस्कृति, राजनीति और पूर्वोत्तर राज्यों पर लिखती हैं।

तीस्ता सेतलवाड़ मानवाधिकार कार्यकर्ता और पत्रकार हैं। वे सिटीज़न्स फ़ॉर जस्टिस एंड पीस की संस्थापक ट्रस्टी एवं सचिव हैं। साथ ही वे सबरंग इंडिया की सह-संपादक भी हैं।

परिचय

एजाज़ अशरफ़ स्वतंत्र पत्रकार हैं। एजाज़ द *ऑवर बीफ़ोर डॉन* (*The Hour Before Dawn*) के लेखक भी हैं।

अजय गुडावर्थी नई दिल्ली स्थित जवाहरलाल नेहरू विश्वविद्यालय के सेंटर फ़ॉर पॉलिटिकल स्टडीज़ में एसोसिएट प्रोफ़ेसर हैं। राजनीतिक सिद्धांत, मानवाधिकार, नागरिक समाज और राजनीतिक आंदोलन उनके विषय क्षेत्र हैं।

टी.के.राजलक्ष्मी फ्रंटलाइन की सीनियर डिप्टी एडिटर हैं। वे पिछले दो दशकों से श्रमिक वर्ग, जेंडर, शिक्षा, स्वास्थ्य जैसे मुद्दों पर लिखती रही हैं। सांप्रदायिक हमलों, देश एवं क्षेत्रीय राजनीति पर भी उनके ज़रूरी काम हैं।

प्रशांत. आर पीपल्स डिस्पैच में बतौर पत्रकार काम करते हैं।

सोनाली ने बतौर पत्रकार न्यूज़क्लिक के साथ काम किया है। वर्तमान में वे दिल्ली विश्वविद्यालय से हिंदी साहित्य में शोध कर रही हैं।

अजय कुमार न्यूज़क्लिक में पत्रकार हैं।

सत्यम न्यूज़क्लिक में पत्रकार हैं और साथ ही जन नाट्य मंच के साथ रंगमंच कलाकार भी।

उपेंद्र स्वामी वरिष्ठ पत्रकार, फ़ोटोग्राफ़र और अनुवादक हैं। वे पिछले 29 सालों से पत्रकारिता में सक्रिय हैं। उन्होंने शेरिल पेयर, अमर्त्य सेन और डोमिनिक ला पियरे जैसे लेखकों का हिंदी में अनुवाद किया है। साथ ही वे ट्रैवल पत्रिका *आवारा मुसाफिर* के संपादक भी हैं।

प्रांजल पत्रकार और कार्यकर्ता हैं। वे न्यूज़क्लिक के साथ काम करते हैं। प्रांजल छात्र आंदोलन से भी जुड़े रहे हैं।

संजीव कुमार दिल्ली विश्वविद्यालय के देशबंधु कॉलेज में एसोसिएट प्रोफ़ेसर हैं। आलोचक और कहानीकार हैं।

शिप्रा किरण वाम प्रकाशन की एडिटर हैं।